神奈川大学言語学研究叢書

9

ロシア語学と
ロシア語教育の諸相

堤正典 編

ひつじ書房

はじめに

　本書はロシア語研究とロシア語教育に関した論考を集めたものである。

　編者の堤は長年、神奈川大学言語研究センターでロシア語やロシア語教育に関する共同研究の代表を務めており、また、科学研究費やその他の神奈川大学内での共同研究や研究プロジェクトの企画も行っている。本書はそれらの研究成果などから主要なものを選んでまとめた。執筆者たちは、みな神奈川大学でロシア語を教える者とそこでロシア語を勉強してロシア語の研究を行った者である。

　本書は15編の論考を含んでいるが、五つの部立てに分れる。執筆者たちはどちらかというとロシア語研究・言語研究を専門としているので、本書の傾向として、ロシア語研究に関する論文ではなくとも、すなわちロシア語教育に関する論文でも、ロシア語研究・言語研究に基づいた考察となっていると言えよう。

　第Ⅰ部はロシア語文法の問題としてアスペクト（体(たい)）について論じたものから成る。阿出川は、述語 мочь のモダリティの意味と動詞不定形の態のカテゴリーの機能について論じ、特定の統語構造においては実現するモダリティに制限があることを明らかにした。堤は、様々な言語のアスペクト研究において汎用される「Vendler の分類」をロシア語動詞について考察しており、他の研究者が論じた分類の適応とは異なる見解を示している。

　第Ⅱ部は、ロシア語教育におけるいくつかの問題についての考察・提言から成る。堤の論文を3編、阿出川の論文を2編収めている。堤の最初の論文は、不完了体動詞である接頭辞のない「運動の動詞（移動動詞）」の用法を不完了体動詞の用法から述べたものである。ロシア語学習書では「運動の動詞（移動動詞）」の用法があげられているが、不完了体の用法との関係は述べられることがなく、それを補うべく論じている。2番目の論文は文法用語のうち、特に文法形式の名称について考察している。ロシア語では文法形式の

名称は、その意味に由来するものが多く、形式に由来する名称に比べて、そのような用語をロシア語学習者が記憶するのはそれなりに負担であることを述べている。3番目はロシア語の文字の学習について、文字論の観点から論じている。文字論において文字の本質は表語とされ、ロシア語のようにかなり規則的な文字体系をもつ言語においても、表音より表語を優先しているので、語を覚えることが文字を読むことにおいて有効であることを述べた。阿出川の最初の論文はロシア語学習書における体の意味の説明と提示について考察した。既存の2種のアスペクトの意味分類を組み合わせて検討し、学習者向けの新たな意味分類案を提出している。もう一つの阿出川論文はロシア語学習における「レアリア」の知識のための意味記述について考察したものである。ここでの「レアリア」の知識とはいわば言語を用いる際の背景的な知識となるもののことで、外国語学習にとって重要な問題の一つである。

　第Ⅲ部は、ロシア語教育の中でも特に学習語彙の問題を取り上げている。堤の2編はロシア語の初等学習者に教えるべき語彙と文法の兼ね合いについて論じたものであり、菊池の論文の先行的研究となっている。菊地は、堤の2編をふまえ、中上級者の学習語彙を対象として論じており、ロシア教育科学省認定ロシア語検定 ТРКИ（Тест по русскому языку как иностранному）の第1レベル（первый серфикационный уровень, ТРКИ-1［欧州共通言語参照枠 CEFR の B1 に相当］）の学習語彙リストを用い、文法分類基準は А. А. Зализняк の Грамматический словарь русского языка（2008, изд 5-е）に従っており、より一般性の高いものとなっている。

　第Ⅳ部は、ロシア・ソヴィエト言語学におけるペテルブルク学派の重鎮レフ・シチェルバ（Л. В. Щерба 1880–1944）の2本の外国語学習についての論文の翻訳とその解題である。翻訳を行った小林の解題にあるように、発表から多くの年月を経ていることもあり、現在の状況にそぐわない部分もなくはないのであるが、それでもなお妥当な指摘や役立つ助言が多く含まれる。ロシア・ソヴィエト言語学が紹介されることは少ない日本の現状も鑑みて、ここに収録することとした。

　第Ⅴ部は、ロシア語教育に携わると同時に、日本で数少ないロシアの少数

民族の言語の研究者でもある田中による論考である。ロシア連邦は多民族国家であり、ロシア語以外にも多数の言語が存在している。田中はそのうちのマリ語の専門家である。マリ語は、印欧語族であるロシア語とは系統的に異なるウラル語族の言語であり、少数民族言語とは言っても、ロシア連邦内のマリ・エル共和国では公用語であり、ロシア国内の少数言語の中でもまだ優勢な方の言語と言ってよいかもしれないが、実際上は将来の存続が危ぶまれる「危機言語」である。そのような少数民族の言語の研究において、あるいは少数民族において、国の最も有力な言語であるロシア語がどのような存在であるかを明らかにするものとなっている。

　本書に収録した多くの論文には、すでに他所に発表されたものも多く含んでいる。それらは再録にあたって若干の修正や書式の統一を行ったものもある。ここに長年の成果を1冊にまとめることができて大変うれしく思う。転載を許可していただいた各誌の発行者には感謝の意を表する。
　本書に含まれる論文には、実際は明確な共同研究という形の中から生まれたものではないものも含まれるが、いずれにせよ執筆者たちはゆるやかな連携のなかで各自の研究活動を行っていたわけで、何よりも神奈川大学横浜キャンパスでロシア語教育を行うという協働作業が根底にあったことは述べておきたい。
　長年の研究活動の中で生まれた論文を集めたものであるため、中には近年のものとは言えないものも含まれ、本来ならば内外の研究動向に合わせて改訂すべきものも含まれるかもしれない。また、共同研究の枠の中とは言え、各自は独立した研究者であるので、本書所収の論考の中で異なる視点で議論が行われているところもあるかもしれない。そのような点は読者の批判を待ちたい。

　神奈川大学言語研究センターの岩畑貴弘所長をはじめ、運営委員会の皆さんには、我々の書籍の刊行を認め、応援してくださったことに感謝の意を表したい。また、同センター事務職員の内田富美子氏をはじめスタッフの方々

にも様々な事務的な仕事をこなしてもらったことに感謝したい。そして、編者の堤はこれまでも何度か神奈川大学言語学研究叢書においてひつじ書房のお世話になっているが、今回も刊行を引き受けてくださった代表取締役松本功氏、編集作業を進めてくださった森脇尊志氏をはじめとする編集スタッフの皆さんに感謝を申し上げる。

2018 年 2 月

編者　堤　正典

目　次

はじめに　iii

I　ロシア語の文法と意味
体（アスペクト）の問題

現代ロシア語における мочь の表すモダリティと不定形の体の
カテゴリーの相関関係に関する記述の試み
　阿出川修嘉 ··· 3

Vendler の分類とロシア語動詞
　堤正典 ·· 23

II　ロシア語教育の諸問題
ロシア語学からの視座

不完了体動詞としての идти と ходить
　堤正典 ·· 39

ロシア語教育と文法用語
　堤正典 ·· 47

ロシア語の文字の学習をめぐって
河野六郎博士の「文字論」からの考察
　堤正典 ·· 59

学習教材におけるロシア語の体の意味の説明・提示方法に関する一考察
一般言語学からの示唆を学習教材の記述にどう反映させるか
阿出川修嘉 ……………………………………………………… 69

Лингвострановедение を踏まえた意味記述についての覚え書
Верещагин и Костомаров (1980) における意味に関する諸概念
阿出川修嘉 ……………………………………………………… 93

III ロシア語学習語彙について
　　語形変化学習との相関

ロシア語初等学習者のための文法と語彙
動詞・形容詞
堤正典 ……………………………………………………… 115

ロシア語初等学習者のための文法と語彙
名詞
堤正典 ……………………………………………………… 135

ロシア語学習語彙における語形変化の傾向
ТРКИ 第1レベル必須語彙を用いた分類・分析
菊池諒 ……………………………………………………… 155

IV　レフ・シチェルバの外国語学習論
ロシア・ソヴィエト言語学の潮流から

レフ・シチェルバの外国語学習論
「外国語について」(1928年)と「どのように外国語を学ぶべきか」(1929年)の翻訳と紹介
　小林潔 ··· 197

外国語について
　レフ・シチェルバ(小林潔　訳) ··· 201

どのように外国語を学ぶべきか
　レフ・シチェルバ(小林潔　訳) ··· 205

V　ロシア少数民族言語の研究から
ロシア語とマリ語

民族語研究とロシア語
　田中孝史 ··· 233

「族際語」としてのロシア語
　田中孝史 ··· 239

　執筆者紹介 ··· 244

I
ロシア語の文法と意味
体(アスペクト)の問題

現代ロシア語における мочь の表すモダリティと不定形の体のカテゴリーの相関関係に関する記述の試み*

阿出川修嘉

1. はじめに：問題提起として

　現代ロシア語(以下単に「ロシア語」とする)において、その意味の把握が困難なカテゴリーのうちの一つとして、モダリティのカテゴリーが挙げられるであろう。ある状況に対する話者の心的態度や、その状況が現実に対してどのように位置付けられているかを示すモダリティのカテゴリーは、しばしばそれが含まれている文において複数の解釈を許容する。例えば、以下のような文を見てみよう。

（1）　Он может одеваться.

　この文だけを見る場合、「彼は服を着ているところかもしれない。」(「評定のモダリティ」；後述)、あるいは「彼は服を着られます。」(「非現実のモダリティ」；同)といった解釈が可能である。
　これは、述語となっている мочь が、複数のモダリティの意味を表しうることから生じるが、このような、мочь の表す多様な意味解釈の可能性は、「文脈」に完全に依存してしまっているのか、あるいはその他の何らかの言語的要因から意味解釈が影響を受けるのかどうかについての検証は必要だろう。
　そうした観点から、体のカテゴリーとの相関関係については従来しばしば指摘され、体の研究において断片的に記述がされてきている[1]。しかしな

ら、そのいずれも、一方のカテゴリーからの記述が中心となっている、あるいは特定の意味・用法のみが取り上げられているなど、体系的な記述が目指されているとは言い切れず、その点を考慮すれば今後さらに検証を加え、あるいは記述を充実させていく余地は残されていると考えられる。

　本稿では、そのための第一歩として、мочь を述語とする文を対象に据え、それを統語構造に応じて分類し、その上でどのようなモダリティの意味が実現するかについて考察を行う。そして、その際文の意味の解釈において、不定形の体のカテゴリーが果たす役割についても記述を試みる。

　以下まず第1節で、мочь を含む文の意味構造や мочь によって表されるモダリティの意味について確認する。第2節では、統語構造に応じた文の分類を試み、それらの分類と文の意味の解釈の可能性、また述語と結合する不定形の体のカテゴリーとの関係について考察を行う。第3節では、述語と語結合を成す不定形の語彙的意味に応じた、体の形態の示す意味について考察する。

2. мочь を含む文とその多義性、意味構造

2.1. 述語 мочь が用いられている文の意味構造

　本節では、まず述語 мочь が用いられている文の意味構造について考えてみたい。

　мочь は、「可能性」に関わるモダリティ[2]を表す動詞である。このモダリティが含まれている文(あるいは「発話」)は、モダリティの意味を表す部分と、その対象となっている「状況[3]」という、大きく分けて二つの意味要素から成っている[4]。

　ТФГ (1990) においては、мочь などの「可能性」のモダリティを含む文を構成する主要な要素として、①モダリティの主体(субъект модальности；通常話者自身となる)、②モダリティの対象となる状況(предметная ситуация)、③モダリティの対象となる状況の主体(субъект предметной ситуации)、④モダリティの対象となる状況の主体の持つ特徴(признак)、の四つの要素が関

わっていると考えられている(cf. ТФГ 1990: 123–126)。

　なお、ТФГ (1990) では、これら四つの要素がお互いに対等な関係にあるかのように記述されているが、これらのうち、③及び④は、②の「状況」を構成するものであるので、実際には以下のような階層構造で捉えるのがより適切だろう。

① 　モダリティの主体(＝話者)
② 　モダリティの対象となる状況
　　(ア)モダリティの対象となる状況の主体(上記③)
　　(イ)モダリティの対象となる状況の主体の持つ特徴(上記④)

　これらが実際の文(発話)において、どのような言語形式を伴って表されるかについて考えてみよう。典型的なケースを想定すると、①は話者自身となるので、通常言語形式では表されない[5]。②−(ア)は名詞、代名詞類の主格によって示され、そして②−(イ)は不定形によって示され、この二つの要素によって、モダリティの対象となる状況(＝②)が示されるということになる。

　そして、当該状況が生起する「可能性」があることについて話者が言及している(当該状況が生起する可能性があるというように話者が考えている)ということは、述語 мочь によって示される。冒頭の例文(1)で考えてみれば、モダリティの意味は、述語 мочь によって表されており、その対象となっている「状況」は、文の主語(「Он」)と不定形(「одеваться」)によって表されていると考えられる。

　以下では、мочь が表すモダリティの意味と、その対象となる「状況」のそれぞれについて見ていくことにする。

2.2. мочь の表すモダリティの意味とそれを表す文法形式

　上でも述べた通り、モダリティというカテゴリーを構成しているのは、大きく分けて「評定のモダリティ(оценочная модальность)」と「非現実のモダ

リティ（ирреальная модальность）」の二つである。

　端的に言えば、「評定のモダリティ」とは、話者の、当該「状況」に対する「態度（отношение; attitude）」に関するモダリティである。動詞 мочь によって表される「評定のモダリティ」は、当該状況が生起する（生起している）可能性があるという話者の推測などを示すものであり、Palmer（2001）の枠組みにおける、「命題的モダリティ（propositional modality）」に相当すると考えてよいだろう（cf. Palmer 2001: 8）。

　それに対して「非現実のモダリティ」とは、当該状況の現実世界に対する「位置付け（статус）」に関するモダリティである（cf. Плунгян 2011: 423）。動詞 мочь によって表される「非現実のモダリティ」は、当該状況が生起する可能性があり、その可能性の実現には、内的な要因、あるいは外的な要因があることを示す。これは、Palmer（2001）の枠組みにおける「事象的モダリティ（event modality）」に相当する（cf. Palmer 2001: 8）。

　この両者のモダリティの間の決定的な差異は、当該モダリティのソースがどこにあるかにある。「評定のモダリティ」のモダリティのソースは「話者」である（すなわち、「評価」や「評定」を下すのは話者である）のに対して、「非現実のモダリティ」の場合には、当該状況の「主体」がソースとなる。

　冒頭の例文で示したように、本稿の対象である述語 мочь は、ロシア語において「評定のモダリティ」と「非現実のモダリティ」の双方を表すことができる述語である[6]。

2.3. モダリティの対象となる「状況」

　本節ではモダリティの対象となる「状況」[7]について考えてみよう。

　上で、モダリティの二つの意味について見たが、これらはそれぞれ対象とする「状況」の性質という点でも異なっている。澤田（2006）によれば、「非現実のモダリティ」の場合には、モダリティの対象となるのは「事象（event）」であるのに対し、「評定のモダリティ」の場合には、その対象となる状況は「命題（proposition）」である。

「命題」とは、その真偽性が問題となるものを指す。「命題」は、その真偽を問うことはできても、その遂行可能性などを問うことはできない。それに対して、「事象」（あるいは「行為」とも）は、その真偽を問うことはできない。しかし、その遂行可能性などを問うことはでき、まさにその遂行可能性、必要性、存在性が問題となる (cf. 澤田 2006: 40)。また、「事象」は、文で表される場合と、動詞句で表される場合がある (cf. 澤田 2006: 39)。

また、「事象」の場合には、未だ生じていない（あるいは生じえない）状況であるため、時間軸上にその位置を占めることはできない。それに対して、「命題」の場合には、時間軸上に位置を占めることが可能なため、モダリティの意味を含む文には以下の三つのパターンが想定しうる。

① その「命題」が、基準時より過去に生じ、既に過去の事実となっている場合
② その「命題」が、基準時で既に生じており、進行している場合
③ その「命題」が、基準時でまだ生じておらず、基準時以降に生じうる場合

しかしながら、上記のうち、①については、本稿の対象である мочь を含む文によっては表すことができない。例えば、以下のような文を取り上げてみよう[8]。

（２） Она *могла* умереть сегодня.
　　　彼女は今日死んでしまうかもしれなかった。

この場合、述語の過去形は、話者が推定を行なっているその時点が過去であることを示しているのみで、当該状況が過去に生じたということを示すものではない。不定形によって表されている状況は、推定を行なっている時点ではまだ生じておらず、その時点より後に生じうる状況である（つまり上記のうち、③に該当する）。

過去に生じた状況についての推定が行なわれる場合（上記①）には、мочьのような、モダリティの意味を表す述語を用いた構造ではなく、下例のように全く異なる統語構造を用いて表される。

（3）　Была вероятность, что она умерла сегодня.
　　　彼女は今日死んだのかもしれなかった。

したがって、「命題」がモダリティの対象となる「評定のモダリティ」の意味が表される場合には、上記のうち②と③のケースについて考慮する必要があるということになる。

3.　мочь の表すモダリティと不定形の体のカテゴリー
3.1.　мочь を含む文の統語構造の分類とそれに基づいた検証の試み

本節では、まず、述語 мочь を含む文の統語構造の分類について考えてみる。

述語 мочь を含む文は、否定辞の有無、そして否定辞の統語論上の位置によって以下の四つに分類することができる（ここではモダリティを表す述語мочь を「M」、不定形を「I」、そして否定辞を「N」という略号で表し、それぞれ例文を付してある）。

①　MI 型：Он *может* прийти.
②　MNI 型：Он *может* не прийти.
③　NMI 型：Он не *может* прийти.
④　NMNI 型：Он не *может* не прийти.

以下では、このそれぞれの型に応じて、実現するモダリティの意味と、不定形の体のカテゴリーとの相互作用について検証を試みる。

具体的には、それぞれの型について、不定形の体のカテゴリーの別、具体

的な一時点を示す指標と反復性を示す指標との共起の可能性の検証を行い、その際表される、可能性のモダリティの種類について確認する。

3.2. 統語構造、モダリティの意味と不定形の体の関係
3.2.1. MI 型

まず、MI 型から見ていくことにしよう。この構文は、当該状況生起の可能性について述べる最も基本的な型である。

（4） Он *может* прийти к нам завтра.
（5） Он *может* вспомнить именно это событие, услышав твой голос.

これらの文は、「評定のモダリティ」と「非現実のモダリティ」の双方の解釈が許容される。すなわち、前者の解釈によれば「彼は明日来るのかもしれない。」、「彼は思い出すかもしれない。」となり、対して後者によれば「彼は明日来てもよい。」、「彼は思い出すことができる。」となる。

上の二例の不定形の体を入れ替えると、それぞれ以下のようになる。

（6） ?Он *может* приходить к нам завтра.
（7） ?Он *может* вспоминать именно это событие, услышав твой голос.

しかしながら、これらは、通常は不自然であると認識される[9]。

それに対して、当該状況の反復性を示す指標（下例では「каждый день」）を加えた場合には以下のようになる。

（8） Он *может* прийти к нам каждый день.
　　　彼は毎日うちに来るかもしれない。

この場合には、「評定のモダリティ」の意味としての解釈のみが許容される。この場合には、反復性を示す指標があっても不定形は完了体のままであ

る。
　この文の不定形の体を入れ替えると以下のようになる。

（9）　Он *может* приходить к нам каждый день.
　　　彼は毎日うちに来てもいい。

　不完了体が用いられているこの例では、「非現実のモダリティ」の意味が表され、「評定のモダリティ」として解釈するのは困難になる[10]。

3.2.2. MNI 型
　次に、MNI 型について見ていこう。
　下の例では、「評定のモダリティ」の意味が表されている。

（10）　Он *может* не прийти к нам завтра.
　　　彼は明日うちに来ないかもしれない。
（11）　Боюсь, что весь урожай *может* не сохраниться.　　　（Рассудова 1982: 127）
　　　穫れた物全部は残らないんじゃないか。

　これは、Рассудова（1982）において、「推測（допущение）」や「予測（предположение）」の意味の場合として指摘されていた意味であると考えてよいだろう（cf. Рассудова 1982: 127）[11]。
　この場合、反復性を示す指標と完了体は共起できない（下例）。

（12）　*Он *может* не прийти к нам каждый день.

　上例文（10）の不定形の体の形態を不完了体に入れ替えると、この場合には「非現実のモダリティ」の意味が表される。

（13）　Он *может* не приходить к нам завтра.

明日彼はうちに来なくてよい。

　また、以下のような例も同様に「非現実のモダリティ」の意味として解釈される。

(14)　Он *может* не приходить к нам каждый день.
　　　彼はうちに毎日来なくてよい。

(15)　Я *могу* не строить дачу именно сейчас, если кому-то мешает моя стройка. Но рано или поздно строить ее все равно буду.[12]
　　　もし誰かの邪魔になってしまうようなら、ちょうど今別荘を建てるのでなくてもいい。どっちにしても遅かれ早かれ建てるのだけれど。

3.2.3. NMI 型

　不可能性を表す構文である NMI 型を見ていくことにしよう。下の例では「非現実のモダリティ」の意味が表されている。

(16)　И Веня не *мог* согласиться с тем, что его нет. [UC][13]
　　　ヴェーニャは、彼がもういないということが納得できなかった。

　下の例のように、具体的な一時点を示す指標と不完了体不定形（下例17)、あるいは反復性を示す指標と完了体不定形（同18）とは共起できない。

(17)　＊Он не *может* приходить к нам завтра.
(18)　＊Он не *может* прийти к нам каждый день.

　反復性を示す指標と共起できるのは、不完了体不定形である（下例）。

(19)　Он не *может* приходить к нам каждый день.
　　　彼はうちに毎日来られない。

いずれの場合にも、モダリティの意味は「非現実のモダリティ」として解釈され、この構文では「評定のモダリティ」の意味は表されない。

3.2.4. NMNI 型

二重否定の構造を持つ NMNI 型について見ていくことにしよう。下の例では、評定のモダリティが表される。

(20)　Он не *может* не прийти к нам завтра.
　　　彼は明日うちに来ざるをえないだろう。

下の例のように、具体的な一時点を示す指標と不完了体不定形(下例21)、あるいは反復性を示す指標と完了体不定形(同 22)とは共起できない。

(21)　?Он не *может* не приходить к нам завтра.
(22)　*Он не *может* не прийти к нам каждый день.

下の例のように、反復性を示す指標と不完了体不定形は共起が可能である。

(23)　Он не *может* не приходить к нам каждый день.
　　　彼は毎日うちに来ざるをえない。

この場合には、「非現実のモダリティ」の意味が表される。

3.2.5. まとめ

ここまで見てきた、四つの文型と、それぞれの文型で実現するモダリティの意味、述語と結合する不定形の体の選択の実態についてまとめると、下表のようになる。

表1 それぞれの文型と実現するモダリティの意味

タイプ	不定形の体	評定のモダリティ 時を示す指標 завтра	評定のモダリティ 時を示す指標 каждый день	非現実のモダリティ 時を示す指標 завтра	非現実のモダリティ 時を示す指標 каждый день
MI	完了体	○	○	○	×
MI	不完了体	×	×	×	○
MNI	完了体	○	×	×	×
MNI	不完了体	×	×	○	○
NMI	完了体	×	×	○	×
NMI	不完了体	×	×	×	○
NMNI	完了体	○	×	○	×
NMNI	不完了体	×	×	×	○

　興味深いのは、NMI 型が、実質的に非現実のモダリティを表すのに特化された構造であるということである。

　また、MNI 型についても、評定のモダリティが表される場合には完了体不定形が選択され、逆に非現実のモダリティの場合には、不完了体不定形が選択されるというように、体の選択とモダリティの意味とが相関関係を見せている。

4. モダリティと不定形の語彙的意味、体のカテゴリーとの相互作用

4.1. 本節の概要

　ここで、不定形の語彙的意味という、もう一つの意味的な要素を考慮に入れなければならないだろう。前節までは主に、приходить/прийти という動詞が扱われていたが、この動詞はいわゆる Vendler (1967) の分類で言うところの「到達 (achievements)」のタイプの動詞(ロシア語ではいわゆる「トリビアルなペア」となっているもので、不完了体の形態が「過程」の意味を表せない)である。

　ロシア語の動詞について、体のペアを成すものは、この「到達」のタイプ

の他にも、「達成 (accomplishments)[14]」の場合があるため、ここではそれぞれの語彙的意味を持つ不定形の体の形態の役割を考慮した上で更に考察してみよう。

なお、ここでは「可能性」の意味を表す最も基本的な構文である MI 型に絞って以下論を進める。

4.2. 到達タイプの動詞の場合

まず、「到達」の意味特徴を持つ動詞について改めて確認していこう。

評定のモダリティの場合、先に見た通り (cf. 第 2.3 節)、モダリティの対象となっている状況は「命題」であるため、1) その「命題」が、基準時で既に生じており、進行している場合 (第 2.3 節の②) と、2) その「命題」が、基準時でまだ生じておらず、基準時以降に生じうる場合 (同③) という二つのケースが考えられる。これらはどのように表されるのだろうか。ここでは「случаться/случиться」という動詞が用いられている下の例を取り上げて考えてみよう。

(24) Это *может* случиться в любую минуту, если мы наконец не обратим серьезного внимания на белорусский город Солигорск. [UC]
ソリゴルスクというベラルーシの都市に我々がいよいよ真面目に注意を払わないようになれば、このことはいつでも起きうるだろう。

ここで、不定形の体の形態を以下のように入れ替えると、やはり不自然な文と判断される。

(25) ?Это *может* случаться в любую минуту, если мы наконец не обратим серьезного внимания на белорусский город Солигорск.

不完了体を用いた場合には、「任意の一分間でそれが何度も生じる」という反復性が示されることになるため、ここでの文脈と照らした場合、通常適

当ではないということになる[15]。

対して、「非現実のモダリティ」の場合には、モダリティの対象となる状況は、「事象」であるため、原則として基準時以降に生じる状況を表す。下の例も、基準時以降に生じる状況について述べられている。

(26) Каждая страна *может* получить двадцать два допуска за высокие места на соревнованиях за Кубок мира и на чемпионатах Европы.［UC］
めいめいの国が、ワールドカップと欧州選手権で上位を取ると、22席ずつ立ち入り許可証をもらうことができる。

ここで不定形の体の形態を入れ替えると下例のようになる。

(27) Каждая страна *может* получать двадцать два допуска за высокие места на соревнованиях за Кубок мира и на чемпионатах Европы.

上の例(26)が、具体的なある一時点での当該状況生起について述べているのに対して、この例(27)では、不完了体によって示される反復性という意味特徴を基盤にして、当該状況が一般的な性質を持っているということが表される（この差異を訳文に反映させるのが困難なためここでは訳文は省略している）。

ここまで見てきたことをまとめると下表のようになる。

表2 「到達」タイプの動詞の場合

モダリティの種類	状況	完了体	不完了体
評定 (状況＝命題)	基準時で既に生じており、進行している	×	×
評定 (状況＝命題)	基準時以降に生じる	○	？ (反復性を表すが文脈上の制限が多い)
非現実 (状況＝事象)	基準時以降に生じる	○	○ (反復性を表す)

4.3. 達成タイプの動詞の場合

それでは、「達成」の意味特徴を持つ動詞について確認しよう。ここでは差し当たり、「умирать/умереть」及び「смотреть/посмотреть телевизор」という動詞(句)を例として取り上げてみる[16]。まず完了体が用いられている例について見てみよう。

(28) Она *может* умереть завтра.
彼女は明日死んでしまうかもしれない。

(29) Ваня *может* посмотреть телевизор сегодня вечером.
ワーニャは今夜テレビを見るのかもしれない。

これらの例では、いずれも評定のモダリティが表されているが、完了体によって表されるのは、当該状況がまだ生起しておらず、基準時以降に生じうるということが表される。

それに対して、不完了体が用いられている例について確認してみよう。

(30) Альберт невыносимо страдает при мысли, что Анна *может* сейчас умирать, а ему нельзя повидать ее перед смертью. [А. Шницлер. Прощание (краткое содержание новеллы)[17]]
アルバートは、アンナは今、今際の際にあるかもしれないが、自分は彼女が死ぬ前にあうことはできないということを考えると、堪え難い苦痛を覚えるのである。

(31) Ваня *может* смотреть телевизор.
ワーニャはテレビを見ているのかもしれない。

あるいは次のような例も参照しておこう。

(32) Он *может* сейчас строить себе дачу на его площадке.
あいつは今自分の敷地で別荘を建てているところなのかもしれない。

(33) Я *могу* <u>делать</u> ботинки на работе завтра в это время.
　　　明日のこの時間は職場で靴を作っているところかもしれない。

　これらの例では全て、基準時において当該状況がまさに進行しているということが示される。上で見た表1 (cf. 第3.2.5.節) では、MI型が評定のモダリティを表す際には不定形は不完了体の形態は取らなかったが、これは不定形の語彙的意味が、前節で見た「到達」タイプの場合であり、ここで見たように「達成」タイプの動詞であれば、評定のモダリティを表す文であっても、不完了体の形態が、現在生起しておりまさに進行している(と話者が想定している)状況について描写する際に用いられうるということになる。

　次に、非現実のモダリティの場合について考えてみよう。

　上に挙げた例(29)では、完了体の不定形が用いられているが、この例は評定のモダリティとしての解釈ばかりでなく、非現実のモダリティとしての解釈も可能である。その場合、「(この時間なら家に戻っているので)ワーニャはテレビを見ることができる。」、あるいは「(医者の許可を得ているので)ワーニャはテレビを見てよい。」というように、いずれの場合にも基準時以降に生じる動作を表す。

　それに対して、不完了体の形態は、(基準時において)進行している動作を表すことはできず、基準時以降に生じうる、持続性を持った動作を表すことになる(下例)。

(34) Она *могла* <u>рассказывать</u> о своей поездке четыре часа подряд, и все четыре часа мы скучали.
　　　彼女は自分の旅行について四時間通しで話せたが、僕らはその四時間の間ずっと退屈だった。

　この例の場合には、完了体の形態によって表すことはできない(下例)。

(35) *Она *могла* <u>рассказать</u> [PFV-INF] о своей поездке четыре часа подряд, и

все четыре часа мы скучали.

ここまで見てきたことをまとめると下表のようになる。

表3 「達成」タイプの動詞の場合

モダリティの種類	状況	完了体	不完了体
評定 (状況=命題)	基準時で既に生じており、進行している	×	○ (プロセス・持続性を表す)
	基準時以降に生じうる	○	○ (プロセス・持続性を表す)
非現実 (状況=事象)	基準時以降に生じうる	○	○ (プロセス・持続性を表す)

5. 結論に代えて

　ここまで、述語 мочь を含む文について、述語によって表されるモダリティの意味と、不定形の体のカテゴリーの機能について検証してきた。ここでは、本稿で行った検証の結果をまとめて結論に代える。

　まず、述語 мочь を含む文の統語構造に応じて四つの型（MI 型、MNI 型、NMI 型、NMNI 型）に分類を行い、それぞれの型でどのモダリティの意味が実現するかについて確認した。

　その結果、特定の統語構造の場合には、一方のモダリティの意味しか表すことができない（具体的には、NMI 型は非現実のモダリティしか表すことができない）などの、実現するモダリティの意味に制限があることが明らかになった。

　そして、不定形の体が特定のモダリティの意味と強く結び付いているケースがあることも明らかになった。具体的には、評定のモダリティが表されている場合には、不定形の体の形態は完了体が選択される傾向が強い（特にMNI 型においてはその傾向は顕著である）。

　また、不定形の語彙的意味という要素も加味した上での検証も試みた。

Vendler（1967）による分類を援用すると、ロシア語の動詞は、語彙的意味が「達成」と「到達」という意味特徴を有する場合に体の形態的対立をなしうるが、「到達」のタイプの場合には、評定のモダリティを含む文では不定形は不完了体の形態では事実上用いられない。しかしながら、語彙的意味が「達成」のタイプであれば、評定のモダリティの場合であっても不完了体の形態は用いることが可能で、その場合、基準時で既に生じており、進行している状況か、もしくは基準時ではまだ生じておらず、基準時以降に生じ進行しているであろう状況について描写し、当該モダリティの対象とすることが可能となる。

6. おわりに：今後の課題

　本稿での試みは、全体として、現段階では現象面の記述にとどまっているという点は否めず、今後更に考察を深めていく必要があるだろう。本節では、今後の主な課題についてまとめておく。

　第3節で見た、不定形の語彙的意味という要素の考察についても、現時点ではまだ断片的なものに留まってしまっているため、今後一層慎重な調査が必要となってくる。特に統語構造のタイプとの関わり合いについては更に検証を加えていく必要がある。例えば、不定形の語彙的意味が、「達成」に属する場合には、統語構造がMI型の場合であっても（先に挙げた表1では、不完了体は用いられていなかった）、評定のモダリティとしての解釈が可能になるが、その他の統語構造の場合には、その限りではない。例えば、MNI型の構造では、例(15)で見たように、不完了体を用いた例で、且つ「達成」の語彙的意味の特徴を持つ動詞が用いられていても、「非現実のモダリティ」としての解釈しか許されていない。このような、それぞれの統語構造ごとのモダリティの意味と不定形の体の選択との組み合わせについて、今後更に詳細に検討を加える必要があろう。

　また、今回の聞き取り調査に際しては、様々な制約から、被験者が実質的に一人となってしまったため、モダリティの意味の解釈に際して話者の判断

が揺れるという可能性を考慮に入れることができていない。今後は複数の母語話者に聴き取り調査を実施し、母語話者間の解釈の異同についても確認が必要になってくる。

注

* 本稿は、阿出川 (2014) において断片的に行われた議論を踏まえ、新たに稿を起こしたものである。本稿の初出は『ロシア語ロシア文学研究』第 47 号（日本ロシア文学会、2015 年）だが、今回再掲載するにあたり、誤記を修正し、一部表現を改めている箇所がある。
1. 例えば、Бондарко (1971) における体の個別的意味との関連でのモダリティの意味に関する言及や、Рассудова (1982) などによる体の選択とモダリティの意味との関係に関する指摘などが挙げられるだろう。また、Шатуновский (1996) における мочь などの一連の述語の表す意味の記述も参照されたい。
2. この「モダリティ」というカテゴリーをどのように捉えるかという根本的な問題については、研究者により立場に相違がある。モダリティのカテゴリーは、大きく分けて「法」のカテゴリーをも包含する、「非現実のモダリティ」と、話者の心的態度を反映する「評定のモダリティ」から成るが、どちらか一方が中心となっていると捉えるか、あるいは双方のモダリティが中心的となっていると捉えるかで見解が異なりうる。この点についてのより詳しい議論は、Плунгян (2011) を参照。本稿の立場は、Плунгян (2011) における立場と同様、双方のモダリティの意味が中心となる双極的なカテゴリーであると捉えている。
3. あるいは「事象」、「事態」などの訳語も考えうるが、本稿では以下「状況」に統一する。
4. この点は、モダリティに取り組む研究者が意見の一致を見ているほぼ唯一と言ってもよい点であると考えられる。
5. ②-（ア）の主体が話者と同一である場合には、当該言語形式で表示される（例：Я могу поднять такую тяжесть.）。
6. 同様に、双方のモダリティの意味を表すことができる述語としては、「必然性 (необходимость; necessity)」の意味を表す должен があるが、本稿の対象は「可能性」の意味に限定することとし、ここでは扱わない。この語についても今後分析を行う必要があるだろう。
7. 他にも、「事態」などの術語が考えられるが、ここでは「状況」という術語を用

8 　以下例文を示す際には、述語部分は斜体で示し、不定形には下線を施す。なお、以下であげる例文のうち、特に引用元を示していないものは、筆者による作例である。その際、母語話者による、当該例文の正否も含めたチェックを受けている。今回聞き取り調査を行った母語話者は、モスクワ在住の 30 代の男性 (言語学専攻) である。

9 　これらの文が許容されるのは、ごく限られた文脈 (例えば、「一日のうちに何度も来ることがある」というような場合) の支持がある場合に限られる。

10 　このことは、評定のモダリティを表す別の言語形式を用いた場合にも同様である。前出母語話者によれば、下のような例も不自然に響くという。
　　?Может быть, что он приходит к нам каждый день.

11 　Рассудова (1982) では、これらの文では、通常「危惧の念 (опасение)」のニュアンスが加わるとされ、それを不定形の完了体に帰しているが、それについては別途議論が必要となるだろう。「評定のモダリティ」が表される場合に、完了体の形態が用いられるということであり、「評定のモダリティ」が用いられる場面と、「危惧の念」とが強く結びついているという可能性も考えられる。

12 　この例文 (15) は、前出母語話者により提供を受けた。

13 　この略号が付されている例文は、その引用元がウプサラ・コーパスであることを示す。

14 　ここで「到達」及び「達成」というそれぞれの訳語は、影山 (1996) に倣っている。

15 　このことは、実際の言語使用においても反映されている。阿出川 (2014) でも指摘されているように、不完了体が用いられる例は極めて少ない。本文でも取り上げた「случаться/случиться」という動詞が、述語 мочь と語結合を成す場合、実に 99 パーセント近くが完了体である (cf. 阿出川 2014: 187–189)。

16 　厳密に言えば、これらの動詞は、ペアを成す二項間の意味的な対立が質的に異なっている。ここでは、どちらも「過程」の意味を表わすことができると考えられるため、同列に扱うこととする。今後、Маслов (1948) などによる指摘に始まり、Гловинская (1982) が記述に取り組んでいる体の二項間にある意味的な対立の差異についても考慮した上でのより詳細な検証も求められてくるだろう。

17 　例文の引用元は以下の URL (2017 年 11 月確認)。
　　http://briefly.ru/shnicler/procshanie/

参考文献

阿出川修嘉 (2014)『現代ロシア語におけるモダリティとアスペクトのカテゴリーに関する一考察—可能性のモダリティと体のカテゴリーとの相関関係について

―』、東京外国語大学大学院博士論文.
Бондарко А. В. (1971) *Вид и время русского глагола (значение и употребление)*. Л., Просвещение.
Гловинская М. Я. (1982) *Семантические типы видовых противопоставлений русского глагола*. М., Наука.
影山太郎(1996)『動詞意味論―言語と認知の接点―』、くろしお出版.
Маслов Ю. С. (1948) *Вид и лексическое значение глагола в современном русском языке* // Изв. АН СССР. Сер лит. и яз. 1948. Т. VII. 303–316.
Palmer, F. R. (2001) *Mood and modality*. 2nd ed. Cambridge: Cambridge University Press.
Плунгян В. А. (2011) *Введение в грамматическую семантику: грамматические значения и грамматические системы языков мира*. М., Российский государственный гуманитарный университет.
Рассудова О. П. (1982) *Употребление видов глагола в современном русском языке*. Изд. 2-е, испр. и доп. М., Русский язык.
澤田治美(2006)『モダリティ』、開拓社.
ТФГ (1987) ― *Теория функциональной грамматики. Введение. Аспектуальность. Временная локализованность. Таксис*. Л., Наука, Ленинградское отд-ние.
ТФГ (1990) ― *Теория функциональной грамматики. Темпоральность. Модальность*. Л., Наука, Ленинградское отд-ние.
Шатуновский И. Б. (1996) *Семантика предложения и нереферентные слова*. М., Языки русской культуры.
Vendler, Zeno (1967) *Linguistics in Philosophy*. Ithaca, New York: Cornell University Press.

Vendler の分類とロシア語動詞*

堤 正典

1. はじめに

　Vendler (1967) は、英語の動詞に関して、state (状態)/activity (活動)/accomplishment (完成)/achievement (達成) の四分類を行っている[1]。
　この分類と一致点や類似点を持つ分類は、他のアスペクト研究においてもいくつか存在する。それらは、例えば、フランス語についての telic/atelic (Garey, 1957) やロシア語についての предельность/непредельность (Маслов 1959；Бондарко 1967)、日本語についての動作／変化 (奥田 1977, 1978) (あるいは、継続／瞬間 (金田一 1950)) などである[2]。しかし、このような分類のなかで、Vendler のものは、より包括的であり、より体系的な分類であると考えられる。それゆえ、この分類は、英語においてはもちろん、それ以外の言語においても、多くのアスペクト研究で取り上げられているのである[3]。
　本稿では、Vendler による四分類の観点からロシア語動詞を考察する。Vendler の分類は、ロシア語動詞における語彙カテゴリーである動作様態 (способы действия) や文法カテゴリーである体 (вид) の研究においても有意義である[4]。

2. Vendler の四分類

2.1. すでに述べたように、Vendler の分類は、state, activity, accomplishment, achievement の四つである。Vendler (1967) 自身はいくつかの例をあげながら

その区別を示しているが、そのままでは英語以外の言語には用いることができない[5]。英語以外の言語に Vendler の四分類を適用するためには、それが可能なように定義しなおさなければならない。

"Interval Semantics" では、Vendler の分類がモデル理論的意味論の観点から解釈されている。そこでは、時間軸上において、Interval を連続する moment の集合 (subinterval は interval の部分集合) であるとして、Vendler の四分類がおおよそ次のように定義される (Vuyst 1983: 161)[6]。

(1) a. If a *state* holds for an interval J, then it holds for every moment of J.
 (state をある interval J が満足するとは、J のすべての moment が state を満足することである。)
 b. If an *activity* holds for an interval J, then it holds for every subinterval of J which is not a moment of J.
 (activity をある interval J が満足するとは、J の一つの moment ではない J のすべての subinterval が activity を満足することである。)
 c. If an accomplishment holds for an interval J, then it does not hold for any subinterval (or moment) of J.
 (accomplishment をある interval J が満足するとは、J のいかなる subinterval (または moment) も accomplishment を満足しないことである。)
 d. If an achievement holds for an interval J, then J is a singleton interval.
 (achievement をある interval J が満足するとは、J は単独に生起する interval であることである。)

すなわち、state は、moment の連続であり、その内部の subinterval においても、また、単一の moment においても成り立つ (ある、いる、所有する)。activity は、interval の連続であるが、その内部の単一の moment では成り立たない (歩く、運動する、呼吸する)。accomplishment は、単一の interval であるが、その内部の subinterval (または moment) では成り立たない (一往復

する、書き直す、再建する)。そして、achievement は、単一の interval (moment) であり、しかもそれは分割することが不可能であるため、その内部に subinterval は存在しない(卒業する、到着する、始める)。

単一事象の場合、「卒業し始め、卒業し続け、卒業し終わる」ことはない。すなわち、achievement の「卒業する」は分割できないのである。これに対し、activity の「歩く」や accomplishment の「一往復する」は分割することができるのである。ただし、「歩く」は subinterval も「歩く」であるが、「一往復する」では subinterval はもはや「一往復する」ではありえないのである。

ここでは、これらのことを次のように図示しておく(破線は moment の連続として成り立つ時間、実線は単一の moment としては成り立たない時間、太線は分割不可能な時間として成り立つ時間をそれぞれ表す)。

(2) a.　state:
　　 b.　activity:
　　 c.　accomplishment:
　　 d.　achievement:

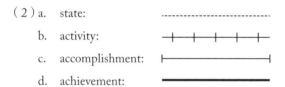

なお、注意しなければならないのは、ここでの interval や moment は、通常考えられる物理的な時間とは必ずしも一致しないことである。例えば、achievement では、interval は分割不可能なのであるから moment と等しいが、だからと言って必ずしも瞬間的なものとは限らない。「卒業する」は achievement であるが、瞬間的とは言えないのである。

2.2.　ところで、Vendler (1967: 108–109) は、state において generic state と specific state の区別があることを述べている。前者は本来の state のことであるが、後者は activity, accomplishment, achievement であるのが通例の動詞(語彙素)が、「習慣(habits[7])」を表すために用いられた場合である。例えば、play chess (チェスをする) は、通例、activity であるが、チェスの選手については実際にチェスをしていないときでも、(3)のように言うことができる。

これは、(1a)における state の条件を満たすのである。

（3） He plays chess.
　　　彼はチェスをする。

　この場合、play chess は、主体の動作を表しているのではなく、主体の属性を表しているのである。
　上の specific state のように、通例ある分類に属する動詞語彙素が（文脈によって）他の分類に属する場合は、この他にも存在する。
　Dowty (1979: 60–65) は、英語の動詞において、activity が accomplishment となる場合、accomplishment または achievement が activity となる場合の二つをあげている。
　まず、activity が accomplishment になる場合である。(4) の walk は、通例activity に分類される。しかし、to the park が表すような動作の範囲が示されると、accomplishment になるのである。Dowty (1979: 61) は、activity の動詞で、なんらかの文脈を与えて accomplishment にならないものは捜し出せなかった、と述べている。

（4） John walked to the park in an hour.
　　　ジョンは公園まで一時間で歩いた。

　次に、accomplishment または achievement が activity となる場合であるが、それは、不定複数形（indefinite plurals）または質量名詞（mass nouns）が文に存在する場合とされている (Dowty 1979: 63)。(5a) は accomplishment であるが、(5b) は不定複数形の houses があり activity である。そのため、完成までの期間を表す in a month と共起できないのである。また、(6a) では meet an interesting person が achievement であるため、継続期間を表す all the summer と共起できず容認不可能となる。しかし、(6b) で meet interesting people となると activity であるため、all the summer と共起するのである。

（5）a. John built that house in a month.
　　　　ジョンはその家を一か月で建てた。
　　b. *John built houses in a month.
　　　　ジョンは家々を一か月で建てた[8]。
（6）a. *John met an interesting person on the beach all the summer.
　　　　ジョンはその浜で夏の間ずっとある興味深い人物に出会った。
　　b. John met interesting people on the beach all the summer.
　　　　ジョンはその浜で夏の間ずっと興味深い人々に出会った。

　これらのことは、(2)の図から次のように説明されると筆者は考える。すなわち、activity が accomplishment となるのは、連続する interval である activity において、その連続の範囲が限定され、全体で単一の interval とみなされるからである（ここではこのことを「限定」と呼ぶことにする）。また、accomplishment および achievement が activity となるのは、ひとつひとつは単一の interval である accomplishment や achievement がいくつか連なり、全体が interval の連続としてとらえられたためである（ここではこのことを「連続」と呼ぶことにする）[9]。
　以上の「習慣」・「限定」・「連続」のように同一の動詞語彙素が異なった分類に属することがある。「Vendler の四分類」は、動詞語彙素の分類と考える他に、文や発話の分類と考えることもできる[10]。ここでは、動詞語彙素の分類で、文脈によって動詞語彙素の解釈が変更されると考えることにする。

2.3. 英語の動詞には、アスペクトを表す文法形式として進行形（be＋～ing）が存在する。Vlach (1981) は、進行形は「Vendler の分類」において state であるとしている。動詞を進行形にすることで、activity（Vlach 1981 の用語では process）の文が state 化されると考えている。元の文が accomplishment や achievement の場合、activity（process）化された上に state 化される。accomplishment や achievement の activity（process）化によって、それらが真となるまでの process があらわれ、その process が state 化されるのである。これらのことは、次のように図示されるであろう。

（7）a. activity:

　　　　walk　　　　→　He is walking. 彼は歩いている。

　　b. accomplishment:

　　　　build a house　→　He is building a house. 彼は家を建てている。

　　c. achievement:

　　　　die　　　　　→　He is dying. 彼は死につつある。

　すなわち、英語において、進行形は動詞句の解釈を state に変える文法形式なのである。ただし、進行形の state は、generic state や specific state とは異なるものである。state は下位分類を持っているのである。

2.4. 「Vendler の四分類」において英語の動詞語彙素の解釈に関する移行関係は、次のように示すことができると筆者は考える。なお、文法（進行形）による移行も共に示しておく。

（8）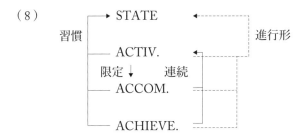

　以上、かなり大まかにではあるが、主に英語を例として、Vendler の四分類をみてきた。次節では、それをロシア語の動作様態や体に関するいくつかの議論と照らし合わせて考えてみる。

3. ロシア語動詞に関する考察

3.1. ロシア語のアスペクト研究において、文法カテゴリーである体（вид）とは区別して、動詞語彙素の分類である動作様態（способы действия）がたてられている。そこでは動詞語彙素がいくつかに分類されているが、全体を包括する二つの大きな分類として、限界性／非限界性（пределость/непределость）がある（Маслов 1959; Бондарко 1967）。これは、その語彙素の表す内容（動作）に「限界」が存在するか否かで区別される。例えば、сидеть（座っている《不完了体》）では（動詞語彙素として）限界が存在するわけではないが、досиживать - досидеть（座り通す《不完了体―完了体》）では限界が存在するのである。

限界が存在するとは、(2) の図において単一の interval として成り立つことである。したがって、限界性は、accomplishment と achievement に共通する特徴であり、分類としてはこの二つの上位に位置するものである。また、非限界性は state と activity に共通する特徴であり、分類としてはこれらと上位と下位の関係になる。ここにおいて、Vendler の分類とロシア語の動作様態とにおいて一致点がみられるのである。

動作様態において、限界性／非限界性のすぐ下位に「Vendler の分類」が置かれ、個々の動作様態は、state, activity, accomplishment, achievement のそれぞれの下位に分けられるのである。まだ検討が十分ではないが、現在考えられるところでは、非限界性の下位で、状態性（статальность: лежать（横たわっている））、関係性（релятивность: иметь（所有する））、多回性（многократность: бывать（しばしば〜である））[11] が state であり、多行為性（многоактность: мелькать（ちらちら見える））、進展性（эволютивность: жить（生きる））が activity、そして、限界性の下位において、結果達成性（результативность: строить（建設する））は accomplishment、一回行為性（одноактность: мелькнуть（ちらりと見える））は achievement である。また、「運動の動詞」では、「定動詞」（идти（歩く））が限界性、「不定動詞」（ходить（歩く））が非限界性とされるが、前者が accomplishment、後者が activity ということになろう。

3.2. 上では英語における動詞語彙素の解釈移行関係(8)をすでにみた。ロシア語にもそのような移行が起こる。ここでは、不完了体に関して解釈移行関係をみておく。

　ロシア語においても、(8)での「習慣」・「限定」・「連続」に関しては同様であると思われる。例えば、「習慣」への移行で、Мелиг (1985: 246)は次の例をあげている。писать（書く）は、通例、activityであるが、(9)ではspecific stateとなっているのである。なお、これはБондарко (1967: 55–58, 1971: 24–31)における不完了体の個別的意味では「非限定回数の意味（неограниченно-кратное значение）」にあたることになろう。

（9）　Игорь красиво пишет.
　　　イーゴリはきれいに書く。

　ロシア語には、英語と異なり、文法形式として「進行形」はない。「進行形」にあたるのは、不完了体の個別的意味の「具体的過程の意味（конкретно-процессное значение）」である[12]。英語においては文法形式によって変更されたものが、ロシア語では語彙素のレベルでの解釈の移行として実現しているのである。Рассудова (1968: 27, 32［邦訳、55, 60］)から借りた次の例で、(10)は「本を読む」というactivity（文脈によってはaccomplishment）を表す（「一般的事実の意味（общефактическое значение）」）が、(10b)は「本を読んでいる」というstateを表しているのである。

(10) a.　Я *читал* эту книгу несколько лет тому назад.
　　　　私はこの本を数年前に読んだ（ことがある）。
　　b.　Под липой сидела девушка и *читала* книгу.
　　　　ぼだい樹の木陰に娘が腰をおろして本を読んでいた。

　ロシア語の動詞語彙素（不完了体）における解釈の移行関係は次のように図示される。

(11)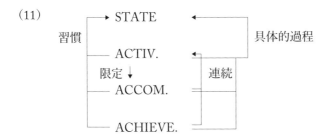

3.3. 不完了体については上で、みたとおりであるが、完了体については、「Vendler の分類」において、どのように位置付けられるのであろうか。

体は、完了体／不完了体の二系列の対立からなる。そして、完了体は「分割することのできない全一体 (неделимое целое)」を表し、不完了体は全一性に関する特徴をなんら持たない、とされる (Маслов 1959; Бондарко 1967, 1971)。ここで、完了体の「分割できない全一性」とは、まさしく Vendler の分類における achievement に他ならない[13]。

不完了体では、state, activity, accomplishment, achievement の四種類を分類できたのであるが、完了体はすべて achievement なのである。したがって、体のペアにおいては、完了体とは、語彙素を achievement 化する文法形式であると考えることができよう[14]。

4. まとめ

以上のように、ロシア語の体及び動作様態における「Vendler の分類」の役割をみてきたが、まとめると次のようになる。すなわち、「Vendler の分類」はロシア語の語彙素における限界性／非限界性と他の個々の動作様態の中間に位置する分類である。その際、限界性は accomplishment と achievement に下位区分され、非限界性は state と activity に下位区分される。また、文法における完了体は動詞語彙素を achievement 化する形式と考えることができよう。このように、「Vendler の分類」はロシア語の体及び動作様態の議論と矛盾することなくその中に取り込むことができるのである。

なお、「Vendler の分類」の枠組みによってアスペクトを議論すると、対照言語学的な考察も可能になる。つまり、文法的なアスペクト形式として、英語の「進行形」は語彙素を state 化するものである。また、日本語の「〜している」の形式も（少なくとも一部は）語彙素を state 化する[15]。それに対して、ロシア語における（おそらく他のスラブ系諸言語においても）完了体は語彙素を achievement 化する文法形式なのである。

注

* 本稿の初出は『Lexicon』第 18 号（岩崎研究会、1989 年）であり、若干の形式上の改稿を行っている。
1 Vendler (1967) の命名は必ずしも適切なものではないかもしれない。本稿では、これらの名称は単に四つを区別するためのものにすぎず、それ以上の意味はないと考えることにして、そのままにしておくことにする。なお、訳語は山田 (1984: 79) による。
2 Dahl (1981: 80) は、類似の分類を表す用語を、これらの他にもいくつか列挙している。このような分類は、すでに古くアリストテレスによってもなされている。なお、ロシア語の предельность/непредельность と Vendler の四分類との関係については、後に述べる。
3 例えば、Vendler の分類は、Dowty (1979) などにより、モデル理論的意味論によるアスペクト研究（"Interval Semantics"）に取り入れられており、また、Tedeschi & Zaenen (1981) に収められた諸論文や、ロシア語に関する Мелиг (1985)、日本語に関する小川 (1985) などにも、Vendler の分類についての言及がみられる。ただし、Vendler の分類の扱いについては、研究者によって異なる部分があるのが実情である。本稿での扱い方も上にあげたような研究と必ずしも等しいものではない。
4 Vendler の分類とロシア語の動作様態や体の関係は、先にあげた Мелиг (1985) がすでに論じている。そこには、本稿執筆にあたって参考となる部分が多く含まれていたが、Vendler の分類の扱い方の異なりから本稿の見解と異なる部分がある。
5 Мелиг (1985: 230–231) は、次の二つの基準に要約している。
   (i) 英語の動詞に関して
     a. 進行形 (be〜ing) が存在するか。
     b. in two hours（二時間で）のタイプの状況語をつけることができるか。

(ⅱ) state
   a. *I am knowing John.
   b. *I knew John in two hours.
(ⅲ) activity
   a. I am pushing a cart.
   b. *I pushed the cart in two hours.
(ⅳ) accomplishment
   a. I am writing a letter.
   b. I wrote the letter in two hours.
(ⅴ) achievement
   a. *I am finding the treasure.
   b. I found the treasure in two hours.

以上をまとめると(ⅵ)の表のようになる。

(ⅵ)

		(ia)	(ib)
state	(ⅱ)	不可	不可
activity	(ⅲ)	可	不可
accomplishment	(ⅳ)	可	可
achievement	(ⅴ)	不可	可

上の基準は、比較的理解しやすいものであるが、実際には、achievement にも進行形があるなど、様々な問題がある。

また、Dowty (1979: 55–60)では 11 のテストがあげられている。

6　本稿の目的は、モデル理論的意味論に基づくフォーマルな定義を与えることではない。以下では、インフォーマルな表現で、議論をすすめる。

7　ここでの habits という語は、occupations（職業）、dispositions（気質）、abilities（能力）等を含んだ広い意味で使われている（Vendler 1967: 108）。

8　日本語訳は容認可能であるが、日本語の「家々を建てる」が activity にも解釈できることは間違いない。

9　ここでの「限定」・「連続」は、山田（1984: 101）の「限界」・「延長」と同様のものであろう。

10　Vendler の分類を、Vlach (1981) は文の分類とし、Vuyst (1983) は動詞句の解釈としている。

11　Kučera (1981) はチェコ語の多回体が少なくとも一部は specific state を表すとしている。ロシア語の多回性も、少なくとも一部は specific state が語彙化したものと考えてよいだろう。

12　英語の「進行形」が表す意味とロシア語の「具体的過程の意味」がまったく同じであるとは断定できないが、重なる部分はかなりあると思われる。

13 いくつかのアスペクト研究では、perfective/imperfective の対立において、しばしば perfective が accomplishment とされることがある。筆者は、少なくともロシア語の完了体 (perfective) は achievement であると考える。完了体を accomplishment とすることは、完了体の特徴の「分割できない」という点をみのがしていることになる。
14 完了体の個別的意味のいくつか (例えば、「例示的意味 (наглядно-примерное значение)」) は、完了体によって語彙素が一旦 achievement 化された後の解釈の移行と考えられる。
15 日本語のアスペクトについては、本稿ではほとんどふれられなかったが、「〜している」の形式を奥田 (1977, 1978) は、基本的に「動作／変化の結果の継続」としている。これは state の一種である。ただし、その他にもいくつか意味用法が存在するので、さらに詳しい検討が必要である。

参考文献

Бондарко, А. В. (1967) Глагольный вид и способы действия. // А. В. Бондарко, Л. Л. Буланин. *Русский глагол*. Ленинград: Издательство "Просвещение", Ленинградское отделение.

Бондарко, А. В. (1971) *Вид и время русского глагола (значение и употребление)*. Москва: Издательство "Просвещение".

Маслов, Ю. С. (1959) Глагольный вид в современном болгорском литературном языке (значение и употребление) // *Вопросы грамматики болгарского литературного языка*. Москва: АН СССР.

Мелиг, Х. Р. (1985) Семантика предложения и семантика вида в русском языке // *Новое в зарубежной лингвистике XV*, стр. 227–249. Москва: Издательство «Прогресс».

Рассудова, О. П. (1968) *Употребление видов глагола в русском языке*. Москва: Издательство Московского универстета.　オー・ペー・ラスードヴァ　磯谷孝訳編『ロシア語動詞体の用法』吾妻書房、1975.

Dahl, Ö. (1981) "On the Definition of the Telic-Atelic (Bounded-Nonbounded) Distinction." In Tedeschi & Zaenen, pp.79–90.

Dowty, D. (1979) *Word Meaning and Montague Grammar*. Dordrecht: Reidel.

Garey, H. B. (1957) "Verbal Aspect in French." *Language* 33, pp.91–110.

Kučera, H. (1981) "Aspect, Markedness, and t_0." In Tedeschi & Zaenen, pp.177–189.

Tedeschi, P. J., & A. Zaenen. (eds.) (1981) *Syntax and Semantics* 14. New York: Academic Press.

Vendler, Z. (1967) "Verbs and Times." In *Linguistics in Philosophy*, pp.97–121. Ithaca: Cornell University Press.

Vlach, F. (1981) "The Semantics of the Progressive." In Tedeschi & Zaenen, pp.271–292.

Vuyst, J. de. (1983) "Situation-descriptions: Temporal and Aspectual Semantics." In A. G. B. ter Meulen (ed.) *Studies in Modeltheoretic Semantics*, pp.161–176. Dordrecht: Foris.

小川昌子(1985)「トキ構文の一意味研究―アスペクトとトキ構文の時間関係」『日本語学』4: 2, pp.81–92.

奥田靖雄(1977)「アスペクトの研究をめぐって―金田一的段階」『ことばの研究・序説』pp.85–104. むぎ書房、1984.

奥田靖雄(1978)「アスペクトの研究をめぐって」『ことばの研究・序説』pp.105–143. むぎ書房、1984.

金田一春彦(1950)「国語動詞の一分類」金田一春彦編『日本語動詞のアスペクト』pp.5–26. むぎ書房、1976.

山田小枝(1984)『アスペクト論』三修社.

II
ロシア語教育の諸問題
ロシア語学からの視座

不完了体動詞としての идти と ходить*

堤 正典

1. 基本的な идти/ходить の用法

　ロシア語の移動に関する動詞のいくつかは「移動の動詞（運動の動詞）」とよばれるグループを形成している。それらの移動の動詞（のうちの接頭辞のないもの）は「定動詞・不定動詞」のサブグループに分けられる。

（1）　定動詞　　　不定動詞

　　　　идти　　　ходить
　　　　ехать　　　ездить
　　　　нести　　　носить
　　　　везти　　　возить
　　　　вести　　　водить
　　　　бежать　　　бегать
　　　　лететь　　　летать
　　　　плыть　　　плавать
　　　　　⋮　　　　　⋮
　　　　　⋮　　　　　⋮

　これらのうち、идти/ходить（歩いて行く）の基本的用法として次のものがある[1]。

（2） Сейчас он **идет** в школу.
　　今、彼は学校に行く（行くところである）。
（3） Каждый день он **ходит** в школу.
　　毎日、彼は学校に行く（通っている）。
（4） Вчера он **ходил** в школу.
　　昨日、彼は学校に行った（行ってきた）。

　(2)の例により、定動詞は一定の方向への（片道の）移動を表すことが示され、(3)と(4)の例により、不定動詞が一往復または往復の繰り返しを表すことが示される。このような説明が、移動の動詞における定動詞と不定動詞との使い分けの最も基本的なものとしてあたえられる。
　動詞の体としては定動詞も不定動詞も不完了体である。上のそれぞれの用法は不完了体の用法という観点からも解釈されるはずである。
　本稿では、移動の動詞のうち、定動詞の идти と不定動詞の ходить の基本的な用法を不完了体の一般的な用法に照らして整理する。なお、ここでは動詞の形態を時制形にのみ限定しておく。

2.　不完了体の用法

　Маслов (1959) の研究に基づいた Рассудова (1968: 8; 1982: 10) によると、不完了体は次の三つの用法（個別的意味）があるとされる[2]。

（5）a.　具体的過程の意味 конкретно-процессное значение（動作の過程の意味 значение процесса действия）
　　Молодая женщина сидела у окна вагона и читала.
　　若い婦人が列車の窓際に座って読書していた。
　　b.　非限定回数の意味 неограниченно-кратное（反復の意味 значение повторяемости）
　　Иногда я перечитывал писателей, которых особенно любил.

時折私は大好きな作家の作品を読み返すのであった。
c. 一般的事実の意味 общефактическое значение
Вы читали эту повесть? В каком журнале вы ее читали?
あなたはこの物語を読んだことがありますか？　どの雑誌でそれをお読みになりましたか？

　(5a)はある一回の動作の開始から終了までの途中であることを示す。上の例では「ある一回の列車内での読書の開始から終了までの途中であった」ことを示している。このように、この用法はある一回の動作の最中であること、すなわち、その動作が終了(完成)に向かって続いていることを示している。開始時点と終了時点を除いた、ある一回の読書(動作)の最中は、どの瞬間またはどの期間においても(またはその全体も)「読書の最中」である。同様に、この用法は、ある一回の動作の途上の、開始時点と終了時点を除いた、ある瞬間も、ある期間も、その全体をも、表すことができる。この用法は、このような「動作の最中」であることを示すという意味において、一つの均質な持続状態を表すものといえる。ここでは【動作の持続】と言い換えておく。

　(5b)は動作の反復を表す。上の例では「読み返す」という動作が過去において反復されたことを示す。ただし、それは習慣的なもので、実際に何度繰り返されたかは通例は問題にはならない。この用法は、繰り返される個々の動作そのものではなく、その習慣が続いている(続いていた)ことを表している。習慣が続いていることも一つの均質な持続状態といえる。したがって、この用法も、(5a)と同様に、一つの均質な持続状態を表しているといえる。ただし、こちらは実際の動作が複数回実現していることが(5a)と異なる点である。ここでは【動作の習慣】としておく[3]。

　(5c)はその動作の発生の事実を表す。動作そのものを名指す場合や、動作の有無を示す場合に用いられる。上の例では、疑問文において「物語を読む」という動作が実際にあったかどうか、また、その動作そのものがどの雑誌に関係したものかが問題になっている。これは回数について指定がなけれ

ば、当該の動作が少なくとも一回は発生したことを表す。また、明らかに一回起こったことを示す文脈において用いられることもある。その場合には、しばしば完了体との違いがかなり微妙なものとなることもある。ここでは【動作の事実】とする。

　三つの用法のうち(5c)の【動作の事実】は、ただ単に動作が存在する（存在した）ことだけを表しているわけではあるが、他の二つも（肯定文では）動作の存在は少なくとも表している。(5c)と他の二つとの違いは「動作の存在」だけではなく、他の二つにはさらに「動作の持続」や「動作の習慣的な反復」が表されているところにある。逆に言えば、そのような意味を明示しないものが「動作の存在」を表す(5c)に分類されるのである。

　なお、【動作の事実】は過去形において用いられることが最も多いとされる。すなわち、過去形以外においては、この用法はあらわれにくいということになる。過去形以外の形においては、「動作の存在（動作そのもの）」だけではなく、さらにその他の意味も読み込まれやすいのであろう。

　不完了体のこの三つの用法は移動の動詞 идти/ходить においてもみとめられる。

3.　不完了体動詞としての идти/ходить の基本的な用法

　さて、先の移動の動詞の例について、不完了体の用法を適用してみる。(2)の идти（の現在形）は、徒歩での移動の最中であることを表している。すなわち、【動作の持続】に相当する。一方、ходить の(3)の例では（現在形で）徒歩での往復の繰り返しを表しており、徒歩での通学の習慣を表している。したがって、【動作の習慣】の用法に相当する。また、(4)の例は過去形で過去の一往復を表している。これは【動作の事実】に相当する。不定動詞によって一往復を表すのが過去形に限られることも、【動作の事実】の用法が過去形で最も用いられることと一致している。なお、ここで「少なくとも一回往復した」というよりは、「一往復した」を表しているということは、【動作の事実】の用法における ходить の過去形のもつ意味の本質というよりも、

文脈の常識的な解釈からあらわれるものと考えられる。

（6）　Сейчас он **идет** в школу.　　　　　　　　＝（2）
　　　今、彼は学校に行く（行くところである）。　【動作の持続】
（7）　Каждый день он **ходит** в школу.　　　　　＝（3）
　　　毎日、彼は学校に行く（通っている）。　　　【動作の習慣】
（8）　Вчера он **ходил** в школу.　　　　　　　　＝（4）
　　　昨日、彼は学校に行った（行ってきた）。　　【動作の事実】

　（6）以外に идти にも残りの二つの用法があり、ходить には（7）と（8）以外に【動作の持続】を表す用法がある。
　идти の【動作の習慣】を表す例に次のようなものがある。

（9）　Каждый день я **иду** с работы пешком.
　　　毎日、私は仕事から歩いて帰る。　　　　　　【動作の習慣】

　これは、習慣として仕事から家への片道を歩いていることを示している。(7)の ходить が往復とも歩くことを意味するのとは異なっている。
　идти の【動作の事実】を表す例としては次のものがある。

（10）　Туда я **шел** пешком, а обратно ехал на такси.
　　　　行きは歩いたが、帰りはタクシーに乗った。　【動作の事実】

　ある一回のこととして解釈した場合（【動作の習慣】を示す文脈にもあらわれることは可能かもしれないが）、【動作の持続】の解釈はかなり弱いであろう。
　ходить で【動作の持続】を表すものは次である。

（11）　Мы **ходили** по выставке целый час.

私たちは展覧会を丸一時間見てまわった(まわっていた)。
【動作の持続】

この例では、「歩きまわる」という意味で【動作の持続】が示される。この「歩き回る」という意味は、具体的な行き先が示されないような文脈であらわれる[4]。

4. おわりに

以上のように、идти も ходить も、当然ながら、不完了体の用法に準じている。ここでは取り上げなかったが、この他の移動の動詞の用法も、同じように不完了体の用法の観点から整理されえる。体の対立が直接に関係する接頭辞付きの移動の動詞ばかりではなく、不完了体のみである接頭辞なしの移動の動詞も、体の観点からその性質を追求することは重要なことである。

また、ロシア語教育においては、学習者に移動の動詞を解説する際に、体(不完了体)の一般的な用法から説明をすることも学習者のレベルによっては必要なことであろう。

注

[*] 本稿の初出は『スラヴィアーナ』第11号(東京外国語大学スラブ系言語文化研究会、1996年)であり、若干の形式上の改稿を行っている。

[1] 総合的なロシア語の初等学習書である Хабронина, Широченсая (1989) では、このような用法が「運動の動詞」(移動の動詞)の部分で取り上げられている。「移動の動詞」のみを取り扱う学習書である Муравьева (1995) ではその他の用法も扱われている。

[2] 改訂増補版である Рассудова (1982) では、(5a) と (5b) の名称に変更がくわえられて、それぞれ「具体的過程の意味」と「非限定回数の意味」になっている。かっこ内は Рассудова (1968) での名称である。なお、例文の日本語訳は Рассудова (1968) の邦訳34頁より引用した。

3 不完了体には、習慣というよりは能力というべきものを表す用法がある。それには Он читает по-русски.（彼はロシア語が読める）のような例がある。その際、一つの状態（その能力があるという状態）の持続を表していること、また、実際の動作は複数回行われること、などは【動作の習慣】と同様である。【動作の習慣】の用法の変種であると考えられる。

4 「歩く・歩きまわる」の意味では ходить に能力を表すものがある。Ребенок уже ходит.（赤ん坊はもう歩ける）の例がそれである。

参考文献

Маслов, Ю. С. (1959) Глагольный вид в современном болгорском литературном языке (значение и употребление) // *Вопросы грамматики болгарского литературного языка*. Москва: АН СССР.

Муравьева, Л. С. (1995) *Глаголы движжения в русском языке*. 6-е изд. Москва: Издательство «Русский язык».

Рассудова, О. П. (1968) *Употребление видов глагола в русском языке*. Москва: Издательство Москавского университета. オー・ペー・ラスードヴァ　磯谷孝訳編『ロシア語動詞体の用法』吾妻書房、1975.

Рассудова, О. П. (1982) *Употребление видов глагола в современном русском языке*. 2-изд. Москва: Издательство «Русский язык». O. P. Rassudova. Translated by Gregory M. Eramian. *Aspectual Usage in Modern Russian*. Moscow: Izdatel'stvo «Russkij jazyk», 1984.

Хабронина, С. А., Широченская, А. Н. (1989) Русский язык в упражнениях. Изд. 4-е перераб. и доп. Москва: Издательство «Русский язык».

ロシア語教育と文法用語*

堤 正典

1. はじめに

　語学教育には様々な教育法があるが、どの教育法でも語彙や表現の教育とともに、ある程度の文法教育が必要である。また、多くの場合、（母語以外の）文法を学ぶ際にはなんらかの文法用語を覚えることが付随する。文法用語は文法において用いられる概念を表すものであったり、文法形式すなわち語形・変化形の名称であったりする。文法用語の記憶と理解は文法の習得、言語の習得の基礎であるが、しばしば学習者に苦痛と思われている。もちろん学習者はその言語を習得することが目的であって、文法用語を学ぶのが最終的な目的ではない。したがって、その言語の習得のために文法用語を覚えることが学習者にとって相当の負担となってしまってはならない。語学教師（または語学教材開発者）が、学習者にとって文法やそれに伴う文法用語を学ぶことができる限り負担にならないように、そして苦痛とならないように配慮すべきなのは当然のことである。
　しかし、ロシア語のように語形変化が豊富な言語の教育の場合、初等学習において文法の比重が高いのが通例であり、学習者における文法学習の負担は高い。理解すべき文法事項・文法用語も少なくはない。
　なるべく文法を教えないという方法もあるかもしれないが、ロシア語のような言語の場合は、その言語的特徴から考えて、それではかえって効率が悪いのではないかと思う。少なくともロシア語のように語形変化が比較的豊富な言語においては、教師が学習者に文法体系を示した方が、学習者に自ら文

法体系を「発見させる」よりも、効率がよいと思う。もちろん、文法ばかりでは多くの学習者は閉口するであろうが、文法なしというのは良い方法とは思えない。

　日本人のロシア語学習者の場合、すでにある程度英語を勉強したことがあってロシア語を学習することが多い。そうであるならば、英語学習でも用いられる文法事項・文法用語であれば、それほど負担はないであろう。しかし、英語で(または場合によってその他の言語で)学んだことのない文法事項・文法用語でロシア語教育において用いられるものは、なじみがなく、はじめて覚えなければならない。多くの(日本人の)ロシア語を学ぼうとする学習者にとって、そういうものがロシア語の文法にはかなりの数あると思われる。

　ロシア語のような言語の場合、教師が文法体系を提示する際に、どうしても学習者にはなじみのない、いわば「独特の」文法用語を用いることになる。初等学習者にとっては、複雑な文法体系にいくつものなじみのない文法用語が結びついており、その負担は軽いとはとても言えないのである。

　本稿では、ロシア語学習者にとってかなりの負担になると考えられる文法において、文法教育に際して用いられる文法用語(特に文法形式を表すもの)について注目し、ロシア語の言語的特徴を考慮に入れて、どのような問題点が存在するかを考察する[1]。ここでは、議論を簡略化するため、主に文法形式を表す用語に限定して考えることにする。

2. 言語類型論からみた文法教育

　言語類型論上の区別に孤立語・膠着語・屈折語がある。これは形態論における特徴によるものであり、それぞれが以下のような特徴をもつ。孤立語とは語形変化のないもので、中国語のような言語である。また、語形変化が少ない現代の英語にも孤立語的な部分がある。膠着語とは日本語のように(複数の)接辞がつくことによって「語形変化」する言語であり、この場合、一つの接辞が一つの意味・機能と結びついているのがこのタイプの理論的な姿

である。ロシア語のように一つの語形変化が複数のカテゴリーにかかわるのが屈折語である。実在の言語は、どの言語もすべてがそれぞれ一つのタイプのみの特徴だけもっているわけではなく、他のタイプの特徴ももっているのが通例である。すなわち、孤立タイプとされる現実の言語は完全に孤立語ではなく、同様に、実在の言語で膠着タイプとされるものや屈折タイプされるものは完全にそれらの特徴だけで成り立っているわけではない。しかし、それぞれの言語においていずれかのタイプの特徴が強いということは言えるだろう [2]。

　ところで、文法には大きく分けて、語形変化についての形態論と、語を組み合わせて文を作るための統語論(構文論)とがある。語学教育においては学習者が語を組み合わせて文を作り、語の組合せである文を理解することが一つの大目標となる。語形変化は語を組み合わせる際に起こることであるから、形態論は統語論のためにあると言ってもよく、統語論の習得がより重要な目標である。

　文法教育をこの形態論と統語論という観点から考えると、孤立語では語形変化(形態論)を教える必要はなく、もっぱら語と語の組合せ(統語論)について教えることになる。膠着語の場合は接辞の用い方を教えることになる。そこでは、どの種類(例えば品詞)の語においてどの接辞が用いられるか、さらに接辞が組み合わされて用いられるときにどのように接続することになるか、などのことが問題となる。屈折語では一つの語形が複数の意味・機能と結びつく。語形変化が豊富で、そのため形態論は文法において相当大きな比重をしめる。例えば、ロシア語の名詞では(部分的に同じになることもあるが)単数形でも主格・生格・与格・対格・造格・前置格と語尾が異なるし、複数でそれらはまた異なり、さらに男性名詞・女性名詞・中性名詞でそれぞれが異なる。(1)のように、一つの語尾が性・数・格における意味・機能を表し、それらを分割して示すことはできないのである [3]。

（1）a.　стол　　：ゼロ語尾(-φ)は男性・単数・主格を表す　　「テーブル」
　　　　стол*а*　：語尾 -a は男性・単数・生格を表す

столу ：語尾 -y は男性・単数・与格を表す
  .
  .
  .
b. книга ：語尾 -a は女性・単数・主格を表す 「本」
  книги ：語尾 -и は女性・単数・生格を表す
  книге ：語尾 -e は女性・単数・与格を表す
  .
  .
  .

　屈折タイプの言語であるロシア語は、語形変化が豊富で(複雑で)、初歩の語学教育において形態論上の学習課題が多く、語形変化(形態論)の習得なくしては文構造(統語論)の習得はありえない。

3. 文法用語の命名法

　文法用語のなかで、文法形式を表すものについて主に考える。文法形式は言語記号の一種として形式と内容(意味・機能)との双方をもつ。しかるに、文法形式を表す文法用語には、命名において形式に由来するものと意味や機能に由来するものがある。例えば、ロシア語教育において(最近はあまり使われないようではあるが)、動詞の人称変化における「e 変化」と「и 変化」は語尾にあらわれる文字による命名と言ってよく、形式に由来するものである。この他にも「овать 型動詞」や「ся 動詞」の例も形式に由来する命名である。また、他の言語でも、英語の「ing 形」という呼び方もそうであるし、日本語で「ガ格」や「ヲ格」、「ル形」や「テイル形」という用語が使われることも多い。一方、動詞の「過去(時制)形」や「現在(時制)形」というのは意味・機能に基づく命名と言える。主に過去(発話時より前)の状況を表す形式だから「過去形」と呼ばれ、主に現在(発話時)をふくむ状況を表すから「現在形」と呼ばれる[4]。

　形式による命名は、学習者にとって覚えるべき形そのもの(またはそのも

のの一部)なので受け入れやすいと思われる[5]。しかし、当該の形式にバリエーションが(豊富に)ある場合はこの命名法は困難である。

　形式にバリエーションがある場合の形式による命名法の困難は格変化形において示すことができる。例えば、名詞の複数主格形については、語尾の主要なものだけあげてみても(綴り字上)-ы / -и / -а / -я /-ья などがある。

（２）　単数主格　　複数主格
　　　　стол　　　　столы　　　「テーブル」
　　　　газета　　　газеты　　　「新聞」
　　　　музей　　　музеи　　　「博物館」
　　　　неделя　　　недели　　　「週」
　　　　окно　　　　окна　　　　「窓」
　　　　здание　　　здания　　　「建物」
　　　　брат　　　　братья　　　「兄・弟」

　こうなると形式に基づく命名は困難で、意味・機能による命名をとることになる。この場合、(多くの日本人にとって)英語学習において複数という概念が導入されていることからも「複数(主格)形」の用語が用いられるのは妥当である[6]。

　上で形式による命名の例としてあげた「ся動詞」の場合、接辞が母音の後では(綴り字上)ся ではなく сь であるし、不定形や三人称単数形・複数形ではこの接辞の前の ть/т の文字とともに ться/тся と綴られる部分の発音は必ずしも基本的なものではないので、学習者に注意を促す必要がある。しかし、このくらいのバリエーションであれば、この用語が用いられるのはまったく妥当である。と言うのは、後に示すように意味・機能が多様でそれに基づく命名が困難だからである。

　一方、意味・機能による命名は、その形式がになう意味や機能を的確に表しているのであれば有効性が高い。例えば、動詞の現在形・未来形における「単数一人称形・単数二人称形・単数三人称形・複数一人称形・複数二人称

形・複数三人称形」や過去形における「単数男性形・単数女性形・単数中性形・複数形」はそれぞれ主語が何であるかによる命名で、形式による命名も不可能ではないかもしれないが、これはこれで妥当と言えよう。

　しかし、意味・機能による命名は必ずしもさほど的確なものとはならないのが実情である。それは一つの形式が必ずしも意味・機能を一つだけもつとは限らないからである。例えば、ロシア語において、動詞の「現在形」と呼ばれていても、現在＝発話時における状況(または発話時をふくむ状況)を表す以外に、「特殊な用法」として過去や未来も表すことがある。過去を表す用法はいわゆる歴史的現在である[7]。未来を表す用法では、運動の動詞(移動動詞)の現在形によって近未来・確定未来が表されることがある。

（3）a.　Завтра я еду в Москву.
　　　　　明日私はモスクワへ行く。
　　　b.　Послезавтра мои родители летят на Кавказ.
　　　　　明後日に私の両親はカフカスへ飛ぶ。

　さらに複雑な用法をもつ例では「完了体・不完了体」があげられる。この動詞のカテゴリーでは完了・不完了といった語のもつ通常の意味をこえる用法が様々ある。例えば、不完了体は「動作の着手」を表す場合があるとされるが、不完了(または完了)という語からは連想しにくいものではないだろうか。

（4）a.　Пора уходить.　　出かける時間だ。
　　　b.　Я буду есть.　　（では、）いただきます。
　　　c.　Теперь пишите.　今度は書いてください。

　すでに述べた「ся動詞」の場合も、意味・機能による命名は困難であり、現在使われている形式による命名の方が妥当である。「ся動詞」では、対応するсяのない(他)動詞との意味関係において、不完了体のみにおいて広く

みとめられる受動の意味となる場合の他に、非対格自動詞となる場合や、再帰(本来的再帰・相互再帰など)の意味となる場合、その他の意味が付け加わるもの(十分な動作など)があり、また、対応のないものもある。そこから意味・機能による一つの名称を与えることが学習者の理解に結びつくとは言い難いのである。

(5) a.　非対格自動詞：открываться/открыться　　「開く」
　　　　　　　　　　cf. открывать/открыть　　　　「開ける」
　　b.　本来的再帰：умываться/умыться　　　　　「(自分を)洗う」
　　　　　　　　　　cf. умывать/умыть　　　　　　「洗う・洗ってやる」
　　c.　相互再帰：целоваться/поцеловаться　　　　「(互いに)キスし合う」
　　　　　　　　　cf. целовать/поцеловать　　　　「キスする」
　　d.　十分な動作：напиваться/напиться　　　　 「十分飲む」
　　　　　　　　　　cf. пить　　　　　　　　　　　「飲む」

4.　ロシア語における文法用語の難点

　形式が(比較的)一定でバリエーションがなければ(または少なければ)形式による命名が有効である。また、当該の形式の意味・用法を的確に表すことができれば(たとえ主要な意味・機能のみでも、それがその形式にとって他の意味・機能よりも圧倒的に中心的なものであれば)意味・機能による命名が有効である。その他の要因もからんではくるが、第一にそれぞれの形式とそれがになう意味・機能のあり方によって、その形式を表す名称はどちらの命名法がより有効かが決まる。
　どちらの命名法も妥当な場合があるだろう。ロシア語の例ではないが、膠着タイプの言語の場合、一つの接辞の意味・機能が一つ(またはごく少数)であり、その接辞の形式的なバリエーションがなければ(または少なければ)、どちらの命名法も妥当である。例えば、日本語では動詞の「食べた・飲んだ」の形式を(実際には「ダ」の場合もあるにもかかわらず)「タ形」と呼ぶ

こともあるし、「過去形」と呼ぶこともある[8]。

　問題は、どちらの命名もそれほど妥当ではない場合である。すなわち、形式も複数あり、意味・機能も複数ある場合である。そして、このようなケースが屈折タイプの言語には少なからず存在する。例えば、ロシア語の名詞の「生格」（と呼ばれる形式）では、主要な語尾が単数形で -а / -я / -ы / -и とあり、複数形で -ов / -ев / -ей / -ь / -й / -φ(ゼロ語尾)がある。

（6）　　単数主格　　　単数生格　　　複数生格

　　　　стол　　　　　стол*а*　　　　стол*ов*　　　　「テーブル」

　　　　музей　　　　музе*и*　　　　музе*ев*　　　　「博物館」

　　　　писатель　　　писател*и*　　　писател*ей*　　「作家」

　　　　неделя　　　　недел*и*　　　　недел*ь*　　　　「週」

　　　　здание　　　　здани*я*　　　　здани*й*　　　　「建物」

　　　　газета　　　　газет*ы*　　　　газет　　　　　「新聞」

　一方、生格の意味・機能としては主要なものとして以下のものがある[9]。

（7）a.　「〜の」
　　 b.　否定生格
　　 c.　数量生格
　　 d.　部分生格
　　 e.　「〜日に」（日付について）
　　 f.　「〜より」（比較級とともに）
　　 g.　前置詞(без/для/до/из/от/после/с/у など)とともに

　このような事情であるから、どちらの命名法もそれほど妥当であるとは考えられない。しかし、これらを個別に扱っていたのでは文法教育としては不合理で、これらの(7)の諸用法をもつ(6)の諸形式に統一の名称を与えることが必要である。そして、実際には伝統にしたがって「生格」と呼ばれてい

るわけである（しかし、この「生格」という、多くの学習者になじみのない用語から(7)の諸用法を想起するのは容易ではない）。

　このように多様な用法を多様な形式がもつ例は他にもあり、それらには共通して命名における困難がある。そして、そのような場合に用いられている用語は通例伝統的なもので、学習者にとって必ずしもなじみない「独特の」用語である。学習者にとっては、文法形式のそのような名称を当該の諸形式と諸用法との連結のかなめとして記憶しなければならず、形式と用法とを直接結びつけて記憶するのに比べて負担は大きいのである。先に少しふれた動詞の「完了体・不完了体」もそのようなものの一例である。

　形式と意味・機能とのどちらもが多様である場合に、その形式に学習者にとって理解しやすい名称を与えることの困難は、語学教育における文法用語で留意すべきことの一つである[10]。また、この困難のために、学習者が、本来覚えるべき形式とその機能に加えて、あまりなじみのない文法用語を記憶しなければならないこともロシア語教育にかかわる者は認識すべきである。

5. おわりに

　日本ロシア文学会用語委員会の『初歩のロシア語教育に用いる用語のガイドライン』(1996)には200ほどの用語があがっている[11]。これはロシア語の初歩教育の教材において統一的な用語使用が行われるように作成されたものである。それらの用語をロシア語学習者がすべて記憶する必要はないかもしれないが、ロシア語の文法体系の把握のためにかなりの数の用語を理解しなければならない。

　そのような学習者の負担を軽減すべく文法用語について考察することはもちろんであるが、少なくともロシア語の文法用語の現実を認識することも、ロシア語教育にとって決して無駄なことではない。

注

* 本稿の初出は『スラヴィアーナ』第 16 号 (東京外国語大学スラブ系言語文化研究会、2001 年) であり、若干の形式上の改稿を行っている。
1 ロシア語教育においていかなる文法用語を用いるかと、ロシア語の文法体系をどのようにとらえるかとは、密接に関係している問題である。しかし、ロシア語の文法体系をいかなるものととらえるかという問題にはここではふみこまないことにする。
2 他にも類型論上の区別はあるが、ここではこの三つのみをとりあげて議論を進める。
3 本稿では、ロシア語教育における文法を念頭においているので、音素表記・形態素表記をすることはせず、語形・語尾を綴り字によって示す。また、語に付した日本語訳は代表的なもののみを示している。
4 この他に、当該の形式にも、その形式がもつ意味・機能にも直接かかわらない命名法として数字など (の符号) を用いる場合がある。上の「e 変化」と「и 変化」の代わりにそれぞれ「第一変化」と「第二変化」と呼ぶ場合がそうである。このような命名法は、後に述べる形式による命名や意味・機能による命名の難点を回避することはできるが、その指示物を直観的に理解しにくいという問題もある。これが文法用語において大きな部分をしめるということはないであろう。この三つ目の命名法についてはこれ以上言及しない。
5 ただし、形式による命名は、異なる言語で共通の用語を用いることが難しくなる。
6 この形が学習者に導入される時点では格変化はまだ学習されていないことが通例であろう。そうであれば単に「複数形」として導入されることもあるだろう。
7 「歴史的現在」は似たような用法が日本語などにおける対応する形式 (「ル形」または「現在形」) にもあり、理解するのは困難ではないだろう。
8 「過去」を表しているのではないという議論もあるが、これは日本語にかかわる問題でもり、ここではそのことに立ち入らない。
9 文法形式のもつ意味・機能を表現する際にも、(7a, e, f) のように対応する日本語訳を用いることができる場合と、(7b, c, d) のように対応する日本語訳ではなく、なんらかの用語で表される場合がある。「対格」の主要な用法である「直接目的語」のように「〜を」と言い換えることができて、用語と日本語訳の双方が用いることができるものもある。このような問題も文法用語として考察すべきことであろうが、ここでは深入りしないことにする。
10 また、仮に適切な名称があったとしても、実際にはすでに (伝統的な) 名称があるわけで、それを破棄してまでも新しいものにすべきかという問題も生ずる。
11 この文書は 2017 年 12 月現在、日本ロシア文学会のサイトに掲載されている。
http://yaar.jpn.org/robun/kyoiku/pdf/yogo_guideline1996.pdf

また、以下のページに用語委員会メンバーや誤植についての情報がある。
http://yaar.jpn.org/job6l69ub-12/#_12

参考文献

АН СССР (1980) *Русская грамматика*. Масква: Издательство «Наука».

Василенко, Е. И., Егорова, А. Ф., Ламм. Э. С. (1988) *Виды русского глагола*. 2-изд. Москва: Издательство «Русский язык».

Караулов, Ю. Н. (ред.) (1997) *Русский язык. Энциклопедия*. 2-изд. Москва: Большая Российская Энциклопедия и Дрофа.

Муравьева, Л. С. (1995) *Глаголы движения в русском языке*. 6-е изд. Москва: Издательство «Русский язык».

Рассудова, О. П. (1968) *Употребление видов глагола в русском языке*. Москва: Издательство Москавского универстета. オー・ペー・ラスードヴァ 磯谷孝訳編『ロシア語動詞体の用法』吾妻書房、1975.

Рассудова, О. П. (1982) *Употребление видов глагола в современном русском языке*. 2-изд. Москва: Издательство «Русский язык». O. P. Rassudova. Translated by Gregory M. Eramian. *Aspectual Usage in Modern Russian*. Moscow: Izdatel'stvo «Russkij jazyk», 1984.

磯谷孝(1977)『演習ロシア語動詞の体』吾妻書房.

千野栄一(1986)『外国語上達法』岩波書店.

日本ロシア文学会用語委員会(1996)『初歩のロシア語教育に用いる用語のガイドライン』日本ロシア文学会.

ロシア語の文字の学習をめぐって
河野六郎博士の「文字論」からの考察[*]

堤 正典

1. はじめに

　本稿は、故河野六郎博士(1912–1998)が提唱した「文字論」を基に、外国語としてのロシア語の文字の学習について考察したものである。

　河野博士は文字論における考察をいくつか発表されているが、河野(1994)にまとめられている。また、亀井他(1996)の関係するいくつかの項にも文字論に関わる記述がある[1]。

　ロシア語の学習者、特に初等学習者がロシア語で書かれたものをスラスラと(主として音読で)読むにはどのように勉強すべきかを文字論をふまえて考えてみる[2]。

2. 「文字論」について

　文字に関する研究で、文字の形について行われるものは「文字学(graphology)」であり、それはここで取り上げる「文字論(grammatology)」とは区別される。

（1）　文字を研究する学問には二つあり得る。一つは、いまだ十分に体系化されていないが、文字の言語的機能を探るもので、文字論(grammatology)ともいうべきものである。これに対して、普通行なわれているように、それぞれの具体的な文字について、それも特にその文字の

形について研究する学聞があり、これを文字学という。

(亀井他 1996: 1344,「文字学」の項)

（２）　[…] ある文字の原始的形態からその変遷の跡を追うのが文字学の大きな目的であるが、その文字が発生した国から他の国に伝えられ、それがまたさらにその他の国に及ぶときその文字の伝播を追究することも文字学の範囲にある。その結果として、文字の系統 (genealogy of writing) が問題にされる。　　(亀井他 1996: 1345,「文字学」の項)

　いずれかの文字の変遷・伝播・系統の研究は文字学である。また、シャンポリオンによるエジプト聖刻文字の解読などのように、文字の解読 (decipherment) は文字学の分野でもっとも華々しいものであるとされる。『説文解字』の六書（象形・指示・会意・形声・仮借・転注）の漢字分類も文字学である[3]。
　それに対して、文字論は文字の言語的機能を研究する。

（３）　文字の研究、とりわけ文字の言語的機能を扱う文字論ともいうべき領域が、当然言語学の中にあってしかるべきであるが、現在のところ、いまだ十分に理論構成がなされていないため、その分野の研究は今後の発展に期待しなければならない。もとより、それぞれの文字の字形についての考察はなされて来ている。中国などでは『説文』以来、文字学の伝統がある。しかしここで問題にしているのはそういう外形的なことではなく、そもそも文字とはどういう言語的機能を持つ言語記号であるか、を究明することである。　　　　　　(河野 1994: 3)

　ところで、文字というと「表音文字」や「表意文字」といった区別がよくなされる。すなわち、アルファベットや日本語の仮名は音を表わす表音文字であり、漢字は意味を表わすので表意文字ということになる。ただし、表意文字という用語は問題があるとされる。アラビア数字は、様々な言語の表記

の中で共通に用いられているが、その読み方はそれぞれの言語による。しかし、意味はどの言語でも同じだと言える。「3」は日本語ではサン、英語では three、ロシア語では три であるが、表わすところは同じである。このようなものは表意文字と呼ぶことができるが、漢字の場合、直接意味を表わすというよりは、「本来中国語の一語一語を示す」(河野 1994: 11)ので「表語文字(logograph)」と言うべきであるとしている[4]。

　さて、この表語という文字の機能は、単に漢字が表語文字である、ということにとどまらない。文字論において、この表語ということこそ、文字の「根本的な言語機能」であるとされるのである。漢字のようないわゆる表語文字はもちろんのこと、表音文字にしても、表語は根本的機能であると述べられている(河野 1994: 20)。

　文字の表語機能を問題にする場合、表音文字では字ひとつひとつのことというよりも、スペリング(綴り、スペル)が対象となる。さらには、分かち書きにおける空白も関わる。そもそも英語やロシア語(現在の)で、語と語の間にスペースをもうけて分かち書きをするのは、一語一語を示すためであり、まさに表語のためである。

　英語の綴りでは、同じ音に対して複数の表記法がある。これは表音としては複雑であるが、表語として役に立っている。

(4)　[…] night と knight は現代では同音の二つの単語を示している。ことに後者の k は全く読まれないのに依然として書き続けられている。しかしこのような不条理は英国の紳士が保守的であるということにのみ起因するのではない。night と knight の場合、後者の読まない k はこの二つの語の文字上の識別に大いに役立っている。言い換えれば、表音としてではなく、表語としては今日依然として有効な記号になっているのである。つまり、英語のスペリングは表音としてははなはだ効率が悪いけれども、表語の手段としては極めて有効であって、おのおのの語を示すスペリングはそれぞれ歴史的運命を荷いつつ、その国有の形を保存している。その有様は漢字の一字一字がそれぞれ固有の

歴史的背景を保つのとよく似ている。　　　　　　（河野 1994: 20–21）

　日本語の表記においては、漢字の他にひらがな・カタカナが用いられ、複雑な文字の使用がされている。「会」と「貝」のような同音の漢字では、異なる文字によって異なる語が表わされているのであり、まさに漢字の表語機能そのものの例である。また、二字漢語には同音異義語が多数あり、「危機」と「機器」や、「私立」と「市立」の例など、漢字の組み合わせの違いが語の違いを示している[5]。

　ひらがなは漢字の送りがなに用いられ、例えば「閉まる」と「閉じる」では送りがなにより語の違いが示されている。「閉」の次に「まる」か「じる」かによって「閉」を「し」と読むか「と」と読むかが決定される。ここだけ考えると漢字の読み方を示しているのであるから表音的であるが、結局は語としての「しまる」か「とじる」かを選んでおり、語の区別という表語的な問題を処理しているのである。また、「行って」は「いって」と「おこなって」の二つを表しうるが、「行なって」と「な」を追加して「いって」ではなく、「おこなって」であることを示すことがある。これも同様の例である[6]。日本語の表記では、多くの場合で、実質的な意味を持つ部分に漢字が使われ、ひらがなは形式的・文法的な要素に用いられている。漢字と仮名とのコントラストで、分かち書きをしなくとも、語を把握しやすくなっている（亀井他 1996: 1343,「文字」の項）。

　カタカナは外来語や擬音語の表記などに用いられる。これも、漢字とひらがなの文字列の中で、それらの語を際立たせる働きがあり、漢字・ひらがなの中にあるカタカナの文字列はそれを語として把握しやすくしている。

　このような文字の機能の研究である文字論は、実際、言語学の中でそれほど認知されているわけではないのだが、それにも理由がある。

（5）　言語学が生まれ、育ってきた欧米では、アルファベットという表音文字が用いられ、これは1字1音を原則とする文字であるため、字はそのまま音におき代えられ、したがって、文字は音論に付随して述べら

れるに過ぎなかったからである。

(亀井他 1996: 1346,「文字論」の項)

　欧米の言語学を熟知されながら、中国語学・朝鮮語学の研究をされ、特に表語文字である漢字の研究をされた河野六郎博士であればこそ、提唱できた分野なのだと言えるだろう[7]。

3.　ロシア語の文字とその学習

　ロシア語を表記するために用いられる文字は表音文字であり、基本的には1字1音である(それぞれの字が一つずつの基本音価をもつ)が、このアルファベットはローマ字とは異なる。ロシア語の初等クラスの最初の方の授業では、通例、ロシア語のアルファベットの学習を行う。ローマ字とは異なると言っても、フェニキア文字からギリシャ文字へというアルファベットの系統の一つの末端であり、文字の改革を経たことも関わるが、ローマ字の類推でわかる文字もある[8]。字数は33字で(それぞれに大文字・小文字がある)、英語のアルファベット26字より多いが、字形・字の名称・基本音価を覚えるのは学習者にとってそれほど負担になるような数ではないだろう[9]。

　ロシア語の綴りは、英語などに比べるとかなり規則的である。ただし、音価を基本のものから他のものに変更する場合がある。しかし、それもかなりの場合、規則的である。その代表的なものが、子音の無声化・有声化(後続の音の特徴に同化する逆行同化)であり、非アクセント音節における о の読み方、е と я の読み方(母音の弱化)である。これらは、現在のあり方のみを共時的に考えれば、文字の表語性を支える働きをしている。表語とは、語と語の区別をすることとも言えるが、一つの語の変化形の共通性を示すことでもある。すなわち、発音が違っていても同じ字で表記して、字の読み方の方に規則を設けており、それによって一つの語の変化形の語幹は同じスペルで表記されるのである。

　語末の無声化の例を(共時的に)考えてみる。

（6）a. друг

b. друга

(6a)は単数主格であり、語末のrで表記される部分(上ではイタリックrで表示)は無声音(軟口蓋閉鎖音)である。しかし、(6b)の単数生格形など、他の語形は同じ部分が対応する有声音である。字としてのrは、(6a)のような語末では無声化して読まれ、(6b)では語末ではないため、この字の基本音価そのままの有声音として読まれる。つまり、rの文はあらわれるところによって2種類の読み方があることになる。アルファベットは原則的には1字1音であるわけだが、その原則の表音上の単純さを犠牲にして、わざわざ文字の読み方変更のルールを設けている。このことにより、この語の語幹は同じдруг-で表記される。これらの語形が同一の語であるという表語性が維持されるのである[10]。

次に母音oの弱化の例を(やはり共時的に)見ることにする。

（7）a. смотреть

b. смотрю

c. смотришь

(7a, b)の不定形と現在単数1人称形では先頭音節のoの部分は［a］と発音されるが、(7c)の同じ箇所はアクセント音節であり基本音価のまま発音される。これも、字の読み方変更のルールを設けて、語幹のスペルを同一にしているのである[11]。この場合も、表音を単純にすることを犠牲にして、表語を優先しているのである。

このように、表音文字を用い、スペルの読み方はかなりの程度規則的であるロシア語でも、実は表音性より表語性を優先している側面が存在するのである。

さて、このようなロシア語の文字であるが、外国語として学習する際のことを考えてみる。先にも書いたとおり、33字のロシア語の文字は、見慣れ

ないもの・書き慣れないものや日本人にとって発音がそうやさしくないものもあるが、それらはそれほど多数とは言えず、個々の字を覚えるのはそれほど困難ではないだろう。また、上に見たように、字の読み方を変更するルールが若干存在するが、それも頭で覚えるにおいてはそれほど困難とは考えられない。しかし、学習者がロシア語を声に出してスラスラとは読めないことがある。それはなぜであろうか。

　文字論では、文字の本質は表語であるとしている。文字は基本的に語を表わすために存在するのである。だとすると、逆に言えば、文字を読むためには表されている語の把握が必要なのである。たとえ、それぞれの字の読み方を変更する規則を含めて理解していたとしても、語としての把握があってこそスラスラと読める（字のつながりを見て発音できる）のである。

　外国語としての学習ではなく、母語の文字の学習においても、子どもがたどたどしく読むのは、その大きな理由として、字のつながりを語としてとらえていないことにある（それは日本語でもロシア語でも他の言語でも同様であると考えられる）。また、子どもではなく、日本人の大人にとっても、日本語がすべて仮名で書かれていた場合、かなり読みにくいのは、すべて仮名で書かれると語としての分析が難しくなるからである。

　外国語としてのロシア語学習に戻ると、ロシア語の文字（ロシア語で書かれたもの）を読むためには、単語の学習を欠かすことはできない。ロシア語の文字はかなり規則的に読めるものだとしても、きちんと単語の発音・綴り（あるいはさらに意味や語形変化など）の学習をしておくべきなのである。

　日本人が英語を学習するときのことを考えると、英語学習には phonics という綴りと発音の関係を扱う分野があるが、日本では通常それが教えられることはなく、単語の発音と綴りは個々に覚えていくものとなっている。ロシア語のスペルは英語のそれと比べてはるかに規則的ではあるが、単語は発音・綴りともに個々に覚えないといけないということは同じなのである。ただし、単語を覚えていくことによって、文字と発音の関係が体得できることになり、頭で覚えていた基本音価変更の規則も自然と適用できるようになるだろう。

なお、スラスラとロシア語を読むためには、テキストを読む練習をするのが通例であろう。テキストを読む練習とは、その中に個々の綴りをみてそれぞれの語を把握し、それを発音していくことを含んでいるのである。

4. おわりに

　文字論をふまえて考察し、ロシア語の文字を読むためには単語の学習が欠かせない、という、ある意味きわめて常識的な結論に到達したわけだが、ロシア語の教師は、このことを十分に念頭において学習者を指導していくべきであると、あらためて考える。授業の中では、文法的な事項の説明や文の意味を理解させることなど、様々なことを行わなければならない。基本的な単語の学習は受講者まかせになっていて、授業中ではおろそかにしていないだろうか。もし授業でやりきれないのであれば、自宅学習で行なうように学習者に指導することをしなければならない。筆者自身反省しながら、再検討していきたいと考える。

　さて、文字論は、言語学の中において十分に認知されているとは言えない。言語学者の中には、言語学において機能的分析を行うことに懐疑的な見解をもつ人たちもいるようである。ここで言う機能的分析とは、言語の働きから言語について考察することである。言語は、ヒトが進化の中で獲得した能力であり、そのようなものを働きの点から考察してもその本質には到達できないと考え、また、そもそも言語は伝達という機能をはたすために（はたすためだけに）あるのではないと考える人たちがいるわけである。言語そのものはそのように人類が獲得したものだとしても、文字は明らかに人為的に作られたものである。伝達という働きをもたせようとして作ったものである。そのような文字については、機能的分析は大いに有効なはずである。今後、文字論が発展していくことを期待するものである。

注

* 本稿の初出は『ロシア語学と言語教育』(中澤英彦・小林潔編、東京外国語大学、2007年)であり、若干の形式上の改稿を行っている。
1. この辞典では各項目の執筆者は明示されていない。編著者代表として河野博士の執筆した「術語編の序(ii–iii)によると、「編集委員会において多少の加筆・修正・削除を行な」ったためとしている。「執筆者一覧」には《文字》として河野博士を含む11名の氏名が挙がっている(viii)。本稿で引用する文字や文字論に関わる諸項目は河野博士自身が執筆しているか、あるいは編著者代表としてその内容に深く関わっているものと考えられる。
2. 亀井他(1996: 1340,「文字」の項)に以下の記述がある。
   > 日本では、字はしばしば文字と同義に用いるが、文字全体には「文字」を用い、個々の文字(letter)には「字」を使って区別することがある。この区別は述語として使うときに便利である。

   本稿では、基本的にこの区別に従う。
3. 河野(1994)で行なわれているように、文字学である六書を文字論的に考察することは可能である。
4. 言語学において「語」の規定は簡単ではない。ここでは語の言語学的な定義の問題には立ち入らないでおく。本稿において、ロシア語の「語」(あるいは「単語」)は、通常そうとらえられているものとしたままで問題はないであろう。なお、河野博士は、文字の創始者は言語を分析し、言語の単位を抽出、それに視覚形象を与えたにちがいないとし、「逆説的に、文字で表語することによって『語』が出来たと言えるかもしれない」と述べている(河野 1994: 23–24)。
5. このような同音異義語は、音声言語では区別がしにくく、特に同じ文脈にあらわれやすい「私立」と「市立」は「わたくしりつ」と「いちりつ」と発音され区別される。
6. 「開く」の「あく」と「ひらく」は、このような区別はあまり行われないようである。自動詞と他動詞の違いがあるため、文脈が必ずしも同じにならないという理由からであろう(日本語のこのような書き分けがどのような場合に行われるのかの詳細は本論の課題ではない)。
7. 文字の本質が表語機能であるということに気がついていないためか、確かに単純ではない日本語の表記体系に疑問をいだく考え方が存在しないわけではない。Журавлев (1991: 33；邦訳 1998: 49) は、表音文字である仮名以外に漢字を用いることに懐疑的な論調である。表音文字は表語文字よりも数が少なく、学習が容易であるということは大きな利点である。河野博士も「このようにアルファベットの採用は世界の趨勢であって、将来、世界文化の統合に伴い、全世界アルファベット化への傾向が暗示される」(河野 1994: 10)とまで述べておられる。しかし、

文字の本質である表語という点からは、日本語の表記法も理にかなっているのである。
8　ロシア語の文字の簡潔な文字学的解説書として小林(2004)がある。
9　もちろん、ロシア語の文字に慣れない初学者には、Ии と書くべきところをうっかり N と書いてしまうようなことがあるなど、文字に慣れるためにはそれなりの練習が必要である。また、個々の字の正確な発音ができるようになるにはやはりそれなりの訓練が必要であろう。
10　この語の場合、複数形は語幹が(一部)異なる друзья で、複数形まで(完全に)同一の綴りが用いられることはないが。このようなものは全体からすれば少数である。
　　なお、この文 г は語あるいは語形によっては、無声／有声軟口蓋閉鎖音以外の音を表すこともある。例えば、его や нового では有声唇歯摩擦音［v］であり、мягкий では無声軟口蓋摩擦音［x］である。
11　動詞の場合も、(6) の друг/друзья のように、語形変化の中で語幹に音交替が起こる例もある(例えば、ходить/хожу/ходишь ...)。ロシア語では、そのようなものまでは表音性を犠牲にして表語性を優先することはないということになる。

参考文献

亀井孝・河野六郎・千野栄一(編著) (1996)『言語学大辞典　第 6 巻　術語編』三省堂.
河野六郎(1994)『文字論』三省堂.
小林潔(2004)『ロシアの文字の話―ことばをうつしとどめるもの』東洋書店.
Журавлев, В. К. (1991) Язык языкознание языковеды. Москва: Наука. V. K. ジュラヴリョフ　山崎紀美子訳『言語学は何の役に立つのか―クロマニヨン人から遺伝子解読まで』大修館書店，1998.

学習教材におけるロシア語の体の意味の説明・提示方法に関する一考察*
―一般言語学からの示唆を学習教材の記述にどう反映させるか

阿出川修嘉

1. はじめに：問題提起

　現代ロシア語（以下単に「ロシア語」とする）の動詞は、「体（たい；вид）」という文法的カテゴリーを備えている。後述するように、このカテゴリーは、ロシア語において、いわゆる「アスペクト」の意味カテゴリーを表わす主たる文法的手段の一つである。

　全ての動詞が「完了体（совершенный вид）」、あるいは「不完了体（несовершенный вид）」という文法的カテゴリーを備えているという、その形態論的な複雑さもさることながら、体のカテゴリーの表わす意味や用法それ自体の把握も困難であることは疑いの余地なく、外国人がロシア語を学習する際に、理解や習得が困難なカテゴリーのうちの一つであると言ってよいだろう。そうした困難さは、下のような例文の意味の解釈に際しても感じ取ることができる：

（1）　Он　　писал　　　　　　письмо.
　　　he 　write-IPFV-PST-M 　letter-SG-N-ACC[1]

　この例文は、発話時の文脈に応じて、1)「彼は（その時）手紙を書いているところだった」（現在進行中の動作）、2)「彼は手紙を（かつて）書いたことがある」（経験）、3)「彼は手紙を書くことにしていた」（習慣）というように、複数の解釈を許容する。つまり動詞それ単独では、同一の形態により、異なる

意味を表しうるということになる。したがって、初学者が体のカテゴリーを学習する際には、こうした意味の多様さをまず理解するという学習上の負荷を経ることになる。

　これらの多様な意味をどのような形で学習者に提示すれば、その理解を促進することができるだろうか。現行の教科書ではどのような提示がなされており、そこには何らかの改善の余地はないのだろうか。一般言語学的な視座でのアスペクト研究において得られた示唆を、何らかの形で活かすことはできないだろうか。このような問題意識の下に、本稿では、初学者向けの教科書においてなされる体のカテゴリーの意味が提示される際のパターンを確認し、そこに新たに別の視点からの基準を導入した上で、改めて意味の分類を試み、そうした分類が、体のカテゴリーの意味の理解の一助となりうる可能性について考察する。

　以下まず第二節では、ロシア語の動詞が備える体のカテゴリーについて概観し、続けて初学者向けの教科書において、その体のカテゴリーの表す意味がどのように説明、提示されているかを見る。続く第三節では、伝統的なロシア語学における体のカテゴリーの意味記述、及び一般言語学におけるアスペクトの意味の分類について概観する。そして第四節において、前節で見た両者の分類を踏まえた上で、新たな分類を試み、ロシア語動詞の体の意味の提示方法を提案する。

2. ロシア語動詞の体のカテゴリーと教科書での意味の記述

2.1. ロシア語動詞の仕組み：体のカテゴリーの概要

　上でも述べた通り、ロシア語動詞は、文法的カテゴリーとしての「体」のカテゴリーを備えている。この「体」のカテゴリーは、「完了体」と「不完了体」という二項から成る対立を成している。例えば、上例 (1) で用いられていた、「(手紙などを) 書く」という動詞であれば、例文中用いられていた「писать」という不完了体動詞に対して、「написать」という完了体動詞が用

意されている。これら二つの動詞は、「書く」という語彙的意味については共通しており、体の文法的意味についてのみ異なっていると通常考える。こうした関係にある二つの動詞は「体のペア」であると見なす[2]。

2.2. 教科書における体のカテゴリーの意味の提示

このような体のカテゴリーの持つ意味・用法について、日本人を対象とした、ロシア語初学者向けの教科書ではどのように導入がなされ、意味や用法の説明を行なわれているだろうか。

これまで出版されているロシア語の教科書では、体のカテゴリーの表す意味として下表に挙げたような意味が挙げられる[3]：

表1　教科書で説明される体の意味

体の意味	例文
動作の完了・終了	Он написал ［write-PFV-PST-M］ письмо. （彼は手紙を書き上げた）
結果の達成・残存	Он открыл ［open-PFV-PST-M］ окно. （彼は窓を開けた）
具体的な一回の動作	Он написал ［write-PFV-PST-M］ письмо. （彼は手紙を書き上げた）
動作の不完了、過程	Он пишет ［write-IPFV-PRS-3SG］ письмо. （彼は手紙を書いているところだ）
状態	Я люблю ［love-IPFV-PRS-1SG］ Машу. （私はマーシャを愛している）
反復（繰り返し）	Он часто пишет ［write-IPFV-PRS-3SG］ письмо. （彼はよく手紙を書いている）
動作の有無の確認	Он открывал ［open-IPFV-PST-M］ окно. （彼が窓を開けた）
経験	Вы читали ［read-IPFV-PST-PL］ «Анну Каренину»? （アンナ・カレーニナは読みましたか？）
一般論；能力	Она говорит ［speak-IPFV-PRS-3SG］ по-русски. （彼女はロシア語が話せます）

多くの場合、この体のカテゴリーの表す意味の導入に際しては、1) 一括で意味を列挙する形で提示するか、あるいは 2) 意味を対置させて提示する、

といった方法がとられていることが多い。

　前者1)のタイプであれば、「完了体は動作の完了・終了、結果の達成・残存、具体的な一回の動作を表わす。それに対して、不完了体は動作の不完了、過程、状態、反復(繰り返し)、動作の有無の確認、経験、一般論、能力を表わす。」といった形での記述の仕方となる。

表2　体の意味の提示例

完了体	不完了体
完了・終了	不完了、進行、過程
具体的一回	反復(繰り返し)
結果の達成・残存	結果の不存続
—	動作の有無の確認、経験、一般論、能力

　それに対して、後者2)のような提示の方法では、例えば表2のようなものを提示する。ここでは、それぞれ対立していると思われる意味を左右に対置する形で提示している。1)のタイプよりも、相互に関係する意味の対置が行なわれている分、理解はしやすくなっているように思われる。

　しかし一方で、これら双方の提示方法が共通して抱えている分かりにくさは、全ての意味が押し並べて対等に列挙されており、その内部の質的な差異についての配慮がなされずに提示されているという点にある。

　それでは、こうした提示方法にどのような要素を加えれば、体のカテゴリーの意味・用法の理解の助けになるだろうか。次節以降でその点について考えてみよう。

3. 体の意味とアスペクトの意味

3.1. 本節の概要

　本節では、まず伝統的なロシア語学において、体という文法的カテゴリーの表わす「個別的意味(後述)」がどのように記述されているか確認する(cf. 第3.2.節)。

そして、一般言語学におけるアスペクトの研究から、種々のアスペクトの意味について確認し、ロシア語においてはそれらがどのような言語手段によって表現されているかについて概観する(cf. 第 3.3. 節)。

3.2. 体のカテゴリーの個別的意味のリスト
3.2.1. 概要

ロシア語学の分野において、ロシア語の体のカテゴリーが持つ意味・機能を対象とした研究で代表的なものとしては、Бондарко によるものがある (cf. Бондарко 1971)。そこでは、体のカテゴリーの表す個別的意味(後述)を、完了体及び不完了体のそれぞれについてリストアップしている[4]。

一般に、伝統的なロシア語のアスペクト論では、体のカテゴリーが持つ文法的意味に、「一般的意味(общее значение)」と「個別的意味(частное значение)」の二つを想定する。「個別的意味」とは、個々の文(発話)において、ある特定の条件において現れてくる意味を指す。それに対して、「一般的意味」とは、ある文法形式が、あらゆる用法において、共有して持っていると考えられる意味のことである[5](cf. Зализняк и Шмелев 2000: 18)。

教科書などにおいては、実際のテキストの中で、体のカテゴリーがどのような意味を表わすかについての説明により重きが置かれるべきであろう。したがって、ここでの「個別的意味」を、ある程度踏まえた上で体の意味が記述されていれば、必要にして十分であると考えてよいだろう。

以下では、Бондарко (1971) における個別的意味のリストを見ていく。

3.2.2. 完了体の個別的意味

Бондарко (1971) では、以下を完了体の個別的意味として挙げている (1971: 22–24)：

① 具体的事実の意味(конкретно-фактическое значение)
② 例示的意味(наглядно-примерное значение)
③ 潜在的動作の意味(потенциальное значение)

④　一括化の意味（суммарное значение）

それぞれに対応する例文を見ながら、これらの意味について確認していくことにしよう[6]。

まず、「①具体的事実の意味」から見て行こう：

（2）　Скоро вернется [PFV-PRS-3SG]. Пройдите [PFV-IMP-PL]、подождите [PFV-IMP-PL].
すぐに戻りますので。どうぞお入りになってお待ち下さい。

この意味は、「具体的な、単一の事実（конкретный единичный факт）」を表す（Бондарко 1971: 22）。

次に「②例示的意味」について確認しよう：

（3）　Иногда весной бывает так: налетит [PFV-PRS-3SG] буря, погуляет [PFV-PRS-3SG] часа два-три и так же неожиданно затихнет [PFV-PRS-3SG], как началась.
春にはこういうことが時折あるものだ。嵐が巻き起こり、二三時間にわたってそれは駆け巡ったかと思うと、それが巻き起こった時と同じように、不意に止んでしまったりする。

この意味では、反復する動作が表される（上の例文先頭に「иногда（時々）」という語が用いられていることからも、この文脈では当該状況が反復性を有していることは明らかである）。その際、反復する複数の動作のうち一つを、その動作の具体的なイメージを与えるための「例」として取り出すことで表現する（Бондарко 1971: 22）という点で、下で見る不完了体の「②制限の無い多回性の意味」などとは異なっている。

下の例に見られる、「③潜在的動作の意味」では、潜在的な可能性が表現される。ある特定の一時点に属するものではなく、いかなる時点においても

生じうるような、可能性、必要性などについて述べられている文脈において現れる：

（４）　Женщины! Женщины! Кто их поймет ［PFV-PRS-3SG］?
　　　　女よ！　女よ！　一体誰があの人たちを理解できようか？

　動詞の形態は、多く、完了体の未来形(非過去形)あるいは不定詞の形態で現れ、否定を伴うことも多い。この意味は、上で見た「例示的意味」と近い意味であるとされる(Бондарко 1971: 23)。
　「④一括化の意味」について見てみよう：

（５）　Равняясь с ними, Алексей мигнул ［PFV-PST-M］ раз пять подряд.
　　　　彼らに追いつきながら、アレクセイは五度ほど立て続けに瞬きした。

　この意味が現れる場合には、「два раза(二回)」、「трижды(三回)」、「несколько раз(何度か)」といった回数を表す指標を伴う(Бондарко 1971: 24)。
　「②例示的意味」、「③潜在的動作の意味」、「④一括化の意味」の三つの意味は、それぞれ反復動作を(明示的に、また非明示的に)意味することから、お互いに極めて近い意味であると考えられる。

3.2.3. 不完了体の個別的意味

　次に、不完了体の個別的意味についてみていこう。Бондарко(1971)では、以下を不完了体の個別的意味として挙げている(1971: 24–36)：

　　①　具体的過程の意味(конкретно-процессное значение)
　　②　制限のない多回性の意味(неограниченно-кратное значение)
　　③　一般的事実の意味(обобщенно-фактическое значение)
　　④　恒常的・不断の動作の意味(постоянно-непрерывное значение)

⑤　潜在的・性質的動作の意味（потенциально-качественное значение）
⑥　制限のある多回性の意味（ограниченно-кратное значение）

前節と同様に、対応する例文を見ながらそれぞれの個別的意味を確認する。
　まず「①具体的過程の意味」である：

（6）Ел［IPFV-PST-M］Мирон Лукич разборчиво, привередливо и скоро отодвинул тарелки.
　　ミローン・ルキーチは選り好みをして食べていたが、好き嫌いを言ってすぐに皿を押しやった。

これは、具体的な、つまり時間軸に一定の位置を占め、且つ動作がその完遂に向かって進行している過程にあるものとして動作を提示する（Бондарко 1971: 24）。
　「②制限の無い多回性の意味」は以下のような例で見ることができる。これは無制限に反復する動作を表す（Бондарко 1971: 27）：

（7）Зимой гостила［IPFV-PST-F］иногда в усадьбе странница Машенька…
　　冬に時々領地に客として逗留していたのは、さすらい人のマーシェニカであった。

下の例に見られる「③一般的事実の意味」は、当該動作があるのかないのか（あるいは時制によっては「あったのかなかったのか」）を表すというのがその基本的な意味である（Бондарко1971: 29）：

（8）Ко мне сам Никодим Палыч Кондаков обращался［IPFV-PST-M］, и я его вылечил.
　　ニコヂム・パーヴロヴィチ・コンダコフが自分で私のところに診察を

受けに来たことがあって、治療してあげたんだ。

　「④恒常的・不断の動作の意味」は、完遂の途上にある動作が、途切れることなく恒常的に進行していることが表される：

（９）　Говорят—жизнь быстро двигается ［IPFV-PRS-3SG］вперед ...
　　　　人生というものは足早にただただ前に進んでいくのだという。

　Бондарко（1971）では、この意味では、反復するのでもなく、途切れるわけでもなく、長い期間を覆うように、「一枚の岩のような」動作が表されるとしている（Бондарко1971: 30）。
　「⑤潜在的・性質的動作の意味」について見てみよう：

（10）　А ты и на скрипке играешь ［IPFV-PRS-2SG］?
　　　　バイオリンも弾ける？

　この意味では、主体の持つ性質や特徴としての動作を潜在的な可能性として提示する（Бондарко 1971: 28）。
　下の例に見られる、「⑥制限のある多回性の意味」は、先の、完了体の「④一括化の意味」の場合と同様に、「два раза（二回）、「трижды（三回）」、「несколько раз（何度か）」といった回数を表す指標を伴って、（有限の回数）反復する動作が表される（Бондарко 1971: 31）：

（11）　Два раза выпадал ［IPFV-PST-M］зазимок, насыпал сугробы.
　　　　二度雪が降って、雪の山を作った。

　上で見た、「②制限の無い多回性の意味」と、この「⑥制限のある多回性の意味」とは、意味的にそれぞれ近い位置付けにあると考えられる。

3.2.4. 従来の教科書での記述と個別的意味の関係

ここまでで、伝統的なロシア語アスペクト論における、体の個別的意味について確認した。上で見た、しばしば教科書内で説明される、体のカテゴリーの「意味」というものが、ここで見た体の個別的意味とどのように対応していると考えられるか確認しておこう。対応関係は表3のようにまとめることができるだろう。

表3 教科書での「意味」と「個別的意味」の対応

体の別	体のカテゴリーの意味	該当する個別的意味
完了体	完了・終了	①具体的事実の意味
	具体的一回	①具体的事実の意味
	結果の達成・残存	①具体的事実の意味
不完了体	進行・過程	①具体的過程の意味
	継続、状態	④恒常的・不断の動作の意味
	反復、繰り返し	②制限のない多回性の意味 ⑥制限のある多回性の意味
	結果の不存続	③一般的事実の意味
	動作の種類、行為の有無の確認、経験など	③一般的事実の意味

3.3. アスペクトの種類、一次的アスペクトと二次的アスペクト

3.3.1. 概要

アスペクトの意味とその対立について、一般言語学的な立場からより理論的に掘り下げた考察を行なっているのが、Плунгян (2011) である。そこでは、アスペクトの意味を、「一次的アスペクト (первичный аспект)」と「二次的アスペクト (вторичный аспект)」の二つに分けている[7]。

「一次的アスペクト」は、その発生の過程において、原初的なアスペクトであるということから「一次的」と名付けられている。この「一次的アスペクト」は、「状況」を構成している部分(後述)を指し示すものである。

それに対して、ある状況が持つ、元々の「状況の性質[8] (例えばその性質をXとする)」、つまり「一次的」な「状況の性質」が、別の異なる「状況

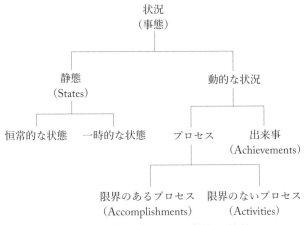

図1　Плунгян(2011)における「状況の性質」

の性質（例えばY）」を持ったものとして認識されるということが起きる。図1は、Плунгян(2011)における「状況の性質」の分類である。括弧内の「States」、「Accomplishments」、「Achievements」、「Activities」は、それぞれVendler(1967)における動詞句の分類と対応していることを示している。

　ここで「二次的アスペクト」とは、例えば、一次的な性質である「静態」が「出来事」へと性質が変化したり、同様に「動的な状況」から「静態」に変化したりするといったケースが該当する。この場合、元々の性質X（ここでは「静態」や「動的な状況」）から変化した、この新たな性質Y（ここでは「出来事」や「静態」）は、「二次的」なものということになり、それに応じて、アスペクトの意味も一次的なものから二次的なものへと変化することになる。このようにして得られたアスペクトの意味を、「二次的アスペクト」と呼んでいる[9]。「二次的アスペクト」が現れていれば、当該状況が、ある性質から他の性質へ移行していることを示すものでもあるということになる。

　以下本節では、この「一次的アスペクト」及び「二次的アスペクト」について、それぞれのアスペクトの意味を確認し、更にそのそれぞれが、ロシア語においてはどのような言語手段によって表わされるかについて見ていくこ

とにする。

3.3.2. 一次的アスペクト

本節ではまず、「一次的アスペクト」について確認する。

図2は、時間軸上を流れる「状況」の模式図である[10]。図中の①〜⑤は、「状況」を構成している「部分[11]」を示している。

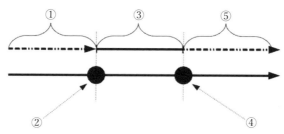

図2 「状況」の模式図

図中、①及び⑤の部分が「外部ステージ」、②〜④の部分が「内部ステージ」と呼ばれる。

図中①の部分を表わすアスペクトは、「予期・予測のアスペクト(prospective)」[12] である。「ある状況が後に続く状態」を示すアスペクトで、英語では、be going [about] to do などの形式で表わされるが、ロシア語においては、このアスペクトの該当する言語形式は存在しない。

「起動相(inceptive)」は、当該状況の開始点(図中の②)を示すアスペクトである[13]。ロシア語においては、完了体動詞、また特定の動作様式[14]の意味を持つ動詞によって表わされる。

図中③の部分を表わすアスペクトには、「持続相」と「進行相」がある。ロシア語においては、不完了体動詞によって表わされる。

図中④の、当該状況の終了点の部分を表わすアスペクトは「終結相」である。ロシア語においては、完了体動詞によって表わされる。

「結果相」と「パーフェクト」は、上図の⑤の部分を表わす。ロシア語においては、完了体動詞によって表わされる。

状況のそれぞれの部分を表わすアスペクトと、それらのロシア語での表現形式についてまとめると、次の表のようになる：

表4　一次的アスペクトとロシア語での表現形式

アスペクト （大分類）		アスペクト （下位分類）	ロシア語で の表現形式
外部ステージAに関わるアスペクト （上図①）		予期・予測の アスペクト	なし
内部ステージに 関わるアスペクト	状況の開始点に関わる アスペクト（同②）	起動相	動作様式 完了体
	内部ステージ （同③）	持続相	不完了体
		進行相	不完了体
	状況の終結点に関わる アスペクト（同④）	終結相	完了体
外部ステージBに関わるアスペクト （同⑤）		結果相	完了体
		パーフェクト	完了体、分詞

3.3.3. 二次的アスペクト

Плунгян（2011）で「二次的アスペクト」として挙げられているものとしては、主に、1)「反復相（итератив）」、2)「習慣相（хабитуалис）」、3)「多回相（мультипликатив）」、4)「単一相（семельфактив）」、5)「配分相（дистрибутив）」などがある[15]。

1)の「反復相」は、ある状況（動作）が、ある一定の期間において、反復することを表す。ロシア語においては、この意味の表現は通常不完了体動詞によって行なわれるが、場合によっては完了体動詞が用いられる場合もある。

対して2)の「習慣相」は、定期的に反復される状況（動作）を表し、それが当該状況の主体の特徴付けになることもある。ロシア語においては、通常不完了体動詞がその表現形式となる。

3)の「多回相」は、多数回にわたって反復する状況（動作）を表す。ロシア語においては、いわゆる「多回体（многократный вид）」と呼ばれる不完了体動詞がその表現を担っている。

表5 二次的アスペクトとロシア語の体

二次的アスペクト	ロシア語での表現形式
反復相	完了体、不完了体
習慣相	不完了体
多回相	不完了体
単一相	完了体
配分相	完了体

　それに対して、そうした状況の単一量を表現するのが、4)の「単一相」である。ロシア語においては、完了体動詞が表現形式となっており、「一回体(однократный вид)」という完了体動詞も用意されている。

　5)の「配分相」は、次々と、連続して同種の状況(動作)が生じることを表すものである。ロシア語においては、完了体動詞がその表現形式となっている。

　二次的アスペクトの意味とロシア語の体の形式との対応関係は、表5のようにまとめられる。

4. 個別的意味はどのアスペクトの種類を表わしているか

4.1. 概要

　ここまでで、ロシア語動詞の体のカテゴリーの表わす個別的意味と、一般言語学的な視点から一次的アスペクトと二次的アスペクトという区別について確認した。ここで、本稿冒頭の例(1)に立ち返ってみよう。

　先に見たように、例(1)では、同一の体の形態が、1)当該動作が現在進行していること、2)当該動作を経験していること、3)当該動作が反復している(あるいは習慣的なものである)こと、といったように、文脈に応じて様々な意味を表わしうる。しかし、ここで表わされている意味のうちいくつかは、質的に異なっているもののように感じられる。

　Forsyth(1970)では、以下のような二つの対立について指摘している(cf.

Forsyth 1970: 153；下表はそこでの記述を元に筆者が作成した）：

表6　Forsyth（1970）による二つの対立の指摘

体の意味的対立軸	完了体	不完了体
A	当該動作（状況）の完了 （cf. 動作の結果）	当該動作（状況）完了への過程 （cf. 持続性）
B	一回の動作（状況）	反復する動作（状況） （cf. 習慣性）

　ここで便宜的に設定した対立軸A及びBは、それぞれ、「当該状況が完了しているのかそうではないのか」、「当該状況が一回生じたのか、それとも複数回反復しているのか」ということによって分類されている。この二軸というのは、上で見た一次的アスペクト・二次的アスペクトの分類にほぼ対応していることが分かるだろう。複数の意味の中に感じられた「質的な差異」というのは、この二軸の違い、すなわち一次的あるいは二次的というアスペクトの種類の違いだったと考えられる。この質的な差異を踏まえ、このような二軸の対立があることを想定しておけば、例(1)における、不完了体の意味の多義性についても理解がしやすくなるのではないだろうか。
　本節では、この、一次的アスペクトと二次的アスペクトという区別を考慮した上で、従来の個別的意味が一体どちらを表わしているのかについて考えてみよう。

4.2.　個別的意味が表わしているアスペクトの意味
4.2.1.　完了体の個別的意味
　まず、完了体の個別的意味を見てみよう。Бондарко（1971）で挙げられていたのは、「①具体的事実の意味」、「②例示的意味」、「③潜在的動作の意味」、「④一括化の意味」の四つであった。
　まず、「①具体的事実の意味」は、当該状況（動作）の完了という側面を重視するのであれば、終結相を表わすと考えられ、したがってこの場合には一次的アスペクトということになる。また、当該状況（動作）を「出来事」とし

て把握し、提示しているのであると見れば、状況の性質が既に変化しているということになり、その場合には二次的アスペクト（「単一相」）ということになる。

「②例示的意味」、「③潜在的動作の意味」及び「④一括化の意味」は、いずれも反復動作を表わしているので、二次的アスペクトの意味であると考えてよいだろう。

4.2.2. 不完了体の個別的意味

次に、不完了体の個別的意味を見てみよう。挙げられていたのは、「①具体的過程の意味」、「②制限のない多回性の意味」、「③一般的事実の意味」、「④恒常的・不断の動作の意味」、「⑤潜在的・性質的動作の意味」、「⑥制限のある多回性の意味」の六つである。

まず、「①具体的過程の意味」は、「進行相」もしくは「持続相」を表わしていると考えられるので、一次的アスペクトの意味である。

次に、「②制限のない多回性の意味」は、反復動作を表すので、二次的アスペクトの意味ということになる。

「③一般的事実の意味」は、その取り扱いが最も困難であることは指摘しておかなければなるまい。この意味が現れていると考えられるのは、動作の有無の確認（Он открывал окно.）、経験（Вы читали «Анну Каренину»?）、あるいは一般的性質（Она говорит по-русски.）などを表わす場合が当てはまると考えられるが、これらのいずれの場合でも、この意味は、当該状況の進行や持続、あるいは開始などといった、一次的アスペクトの意味を表わしているとは考えにくい。したがって、この意味が現れている場合には、当該「状況」は、話者によって既に「出来事」として捉えられていると考えられる。したがって、この意味の場合にも、表わされているのは二次的アスペクトの意味ということになるだろう。

「④恒常的・不断の動作の意味」は、「持続相」の意味を表わしているので、一次的アスペクトの意味ということになる。

「⑤潜在的・性質的動作の意味」、及び「⑥制限のある多回性の意味」も、

上の「②制限のない多回性の意味」と同様に反復動作を表わす(あるいは反復動作に基づいている)ので、二次的アスペクトと見なすことができる。

4.2.3. まとめ

「体の個別的意味」のリストに、一次的アスペクトと二次的アスペクトという基準を加えてみると下の表のようになる:

表7　個別的意味と一次的・二次的アスペクト

表す形式(体)	個別的意味	一次／二次的アスペクト	アスペクト
完了体	①具体的事実の意味	一次、二次	終結相、単一相
	②例示的意味	二次	反復相
	③潜在的動作の意味	二次	反復相
	④一括化の意味	二次	単一相
不完了体	①具体的過程の意味	一次	進行相
	②制限のない多回性の意味	二次	反復相
	③一般的事実の意味	二次	単一相
	④恒常的・不断の動作の意味	一次	持続相
	⑤潜在的・性質的動作の意味	二次	反復相、習慣相
	⑥制限のある多回性の意味	二次	反復相

これを、今度は一次的アスペクト及び二次的アスペクトを基準にして、改めて整理し直すと、以下のような表の形でまとめることができる:

これを見ても分かるように、従来ロシア語アスペクト論において、体のカテゴリーの表わす「個別的意味」として提案されてきたものは、一般言語学的な意味でのアスペクトの意味に照らしてみると、そのほとんどが「二次的アスペクト」ということになり、「一次的アスペクト」に関して言えば、「個別的意味」としてリストに加えられているのは、完了体の「具体的事実の意味」と、不完了体の二つの意味(「具体的過程の意味」と「恒常的・不断の動作の意味」)のみであるということが分かる[16]。

表8 一次的・二次的アスペクトと個別的意味の対応

一次／二次的アスペクト	表す形式(体)	個別的意味
一次	完了体	①具体的事実の意味
	不完了体	①具体的過程の意味
	不完了体	④恒常的・不断の動作の意味
二次	完了体	①具体的事実の意味
	完了体	②例示的意味
	完了体	③潜在的動作の意味
	完了体	④一括化の意味
	不完了体	②制限のない多回性の意味
	不完了体	③一般的事実の意味
	不完了体	⑤潜在的・性質的動作の意味
	不完了体	⑥制限のある多回性の意味

5. 結論に代えて

　前節で、伝統的なロシア語学において提案されてきた、体のカテゴリーの個別的意味のリストと、一次的アスペクトと二次的アスペクトという分類を重ね合わせてみた。一次的・二次的アスペクトの別、体の個別的意味の対応関係は下表のようになる：

　上記の分類を踏まえた上で、それぞれの術語を、より説明的なものにした上で再構成すると、ロシア語の体の意味は、例えば下表10のように提示することが可能となる。

　下表中で、一次的アスペクトに対応する部分は、「完了かそうでないか」という上段であり、二次的アスペクトに対応するのは、「回数がどうか」という下段にあたる。また、不完了体の「③一般的事実の意味」は、上でも見たように、特殊な用法なので、一次的アスペクト、二次的アスペクトのどちらにも属させず、独立した項目として位置付けて示してある：

　このように、一次的アスペクトと二次的アスペクトという分類を踏まえた上で、その意味の上での差異を明示的に示すことによって、単なる意味の羅列にとどまるよりも、体のカテゴリーの意味の理解がしやすくなると考えら

表9　アスペクトの種類と体の個別的意味の対応

一次的／二次的 アスペクト	体の別	該当する個別的意味	教科書における 体の意味
一次的	完了体	具体的事実の意味	完了・終了
		具体的事実の意味	具体的一回
		具体的事実の意味	結果の達成・残存
二次的	不完了体	具体的過程の意味	進行・過程
		恒常的・不断の動作の意味	継続、状態
		制限のない多回性の意味 制限のある多回性の意味	反復、繰り返し
		潜在的・性質的動作の意味	能力
		一般的事実の意味	結果の不存続
		一般的事実の意味	一般論など
		一般的事実の意味	動作の種類、行為の有無の確認、経験など

表10　アスペクトの種類を加味した体の意味の分類（案）

	完了体	不完了体
完了かそうでないか	動作の完了・終了 （及びその結果） Он написал письмо.	完了へと向かうプロセスにある動作、進行中の動作 Он пишет письмо. 持続・継続する動作 Он сидит у окна. 状態 Я люблю Машу.
回数がどうか	具体・特定的な（一回の）動作 Он написал письмо.	反復する動作 Он часто пишет письмо. 習慣的な動作 Он открывает окно. 一般的な動作、恒常的な特性、能力 Он говорит по-русски.
その他	—	動作そのものがあるかないか［あったかなかったか］について述べる・確認する Вы читали «Анну Каренину»?

れる。

　また、これらを峻別して[17]提示することにより得られるその他の利点は、体のカテゴリーの意味を導入する際に、段階を踏ませることがしやすくなるという点である。上でも述べたように (cf. 第 3.3.1. 節)、一次的アスペクトの方が、その名の通り派生上最初となるため、学習者は、まず最初に一次的アスペクトの意味をしっかりと把握することに努め、それを習得したら次に二次的アスペクトの意味の理解に取り組む、といった導入の方法を取るといったアプローチも可能になり、学習項目の優先順位を設定することができる。

6.　おわりに：今後の課題など

　もっとも、今回示したような分類方法が、実際のロシア語学習のプロセスにおいて、体のカテゴリーの意味・用法の理解にどの程度有効に機能するか (どの程度当該文法項目の習得に寄与するか) は、教育の現場での中長期的な調査が求められてくるため、その意味では今回の提案は机上の物であることは否めない。この点については、別途調査を試みる必要があるだろう。

　また今回のような分類を導入することは、場合によっては、教材内でどのように文法項目を配置していくかという、構成全体にも影響を与える可能性を持っている。

　いずれにしても、本稿で行ったような形で、理論研究で得られた成果を言語教育などの応用分野で活かすという試みは一層行なわれていってしかるべきであろう。

注

*　本稿は、阿出川 (2014) の一部において行なった断片的な議論の内容を踏まえた上で、学習教材での記述への応用という視点から新たに稿を起こしたものである。

本稿の初出は『外国語教育論集』第 37 号（筑波大学外国語センター、2015 年）だが、今回再掲載するにあたり、誤記を修正し、一部表現を改めている箇所がある。

1 例文中、便宜上グロスを付する。以下では原則として、問題となっている動詞の部分に限って、角括弧内に文法情報を表示することとする。
2 どの動詞とどの動詞がペアを成しているかは、研究者により立場が異なる場合があり、辞書での記載もそれに応じて異なってくる場合がある。このように「体のペア」をめぐる議論は未だ解決しておらず、別途検討を加える余地は大いにあるが、本稿ではそうした見解の相違の少ない動詞を対象とし、以下論を進める。
3 ここで挙げている体の意味は、複数の教科書での記述を参考にして筆者がまとめたものである。
4 また、外国人（ロシア語の非母語話者）に対するロシア語教育という観点から、体の意味と用法をまとめたものとしては Рассудова (1982) があるが、この著作も Бондарко (1971) での成果を踏まえている。
5 なお、体のカテゴリーの「一般的意味」としてどのようなものを想定するかは、長年議論がなされており、未だ決着を見ていない問題のうちの一つであるが、ここでは詳しくは扱わない。
6 下線を施してある動詞が、本文で該当する体の意味を表している動詞である。日本語訳で対応する箇所にも下線を付してある。例文はそれぞれ当該文献から引用したが、その際当該文献内で例文が複数上げられている場合には、筆者の判断で取捨選択している。本節においては以下同様。
7 こうした分類は、Dik (1989) や Мельчук (1998)、著者自身の研究（Плунгян 2012) によっても行なわれている。また Храковский (1987) による指摘もある。
8 ここで「状況の性質」としているのは、「акциональность」と呼ばれるものだが、この術語に対する定訳と思われる語がないため、ここでは試みにこの術語を考案した。
9 この「一次的アスペクト」及び「二次的アスペクト」は、それぞれ、「線状的アスペクト（линейный аспект）」、「数量的アスペクト（количественный аспект）」とも呼ばれる。
10 この図は、Плунгян (2011) における記述を基に筆者が図案化したものである。時間軸は左から右に時間が流れていくイメージを反映している。また、図が煩雑になるのを避けるという便宜のために、時間軸を二本示してある。
11 Плунгян (2011) では「状況の断片」と呼んでいる。
12 ここでの訳語（「予期・予測のアスペクト」）は筆者による試訳である。
13 「示点相（пунктив）」という術語が用いられることもあるが、「示点相」という術語は、後で述べる「終結相」を表わすのに用いられることもあるため、本稿ではここで触れるにとどめ、本文では用いていない。

14 「動作様式 (способ глагольного действия)」とは、動詞の語彙・文法的な分類である。ある動詞に特定の接辞を付加し、その動詞によって表わされる動作に何らかの意味 (時間的な意味や結果の意味など；cf. Энциклопедия 1996: 530) を加えた上で、新たな動詞が派生する。いくつかの接辞に関しては、同一の接辞がそれぞれ異なる動作様式を表す場合がある。
15 これらの他にも、反復相の変種で、普通よりも低い頻度で定期的に繰り返す状況を表す「稀偶相 (раритив)」と、当該動作の程度が弱いことを表す「弱化相 (аттенуатив)」も挙げられている (cf. Плунгян 2011: 221–222) が、本文では特に取り上げず、ここで述べるに留める。
16 上でも (cf. 第 3.3.2. 節) 見たように、「開始相」にあたるものは、ロシア語学においては体のカテゴリーの意味とは捉えられておらず、動詞接頭辞による意味であると捉えられているということに留意されたい。
17 「一次的アスペクト」、「二次的アスペクト」という術語それ自体を導入することは、かえって理解に混乱を招く可能性もあるため、必ずしも必要ないと思われる。

参考文献

阿出川修嘉 (2014)『現代ロシア語におけるモダリティとアスペクトのカテゴリーに関する一考察―可能性のモダリティと体のカテゴリーの相関関係について―』、東京外国語大学大学院博士後期課程学位 (博士) 論文.
Бондарко А. В. (1971) *Вид и время русского глагола (значение и употребление)*. Л., Просвещение.
Гловинская М. Я. (2001) *Многозначность и синонимия в видо-временной системе русского глагола*. М., Азбуковник.
Dik, S. C. (1989) *The theory of functional grammar. Part I: The structure of the clause*. Dordrecht: Foris.
Forsyth, J. (1970) *A grammar of aspect: usage and meaning in the Russian verb*. Cambridge: Cambridge University Press.
Зализняк Анна А., Шмелев А. Д. (2000) *Введение в русскую аспектологию*. М., Языки русской культуры.
Мельчук И. Г. (1998) *Курс общей морфологии*. Т. II (Часть 2-я: Морфологические значения). М.: Языки русской культуры.
Плунгян В. А. (2011) *Введение в грамматическую семантику: грамматические значения и грамматические системы языков мира*. М., Российский государственный гуманитарный университет.
Плунгян В. А. (2012) *Общая морфология: введение в проблематику*. Изд. 4-е, М., URSS.
Рассудова О. П. (1982) *Употребление видов глагола в современном русском языке*. М., Русский

язык.

Энциклопедия (1996) —*Русский язык. Энциклопедия*. Ю. Н. Караулов (ред.) Изд. 2-е, перер. и доп. М., Большая российская энциклопедия; Дрофа, 1996.

Храковский В. С. (1987) Кратность // *Теория фукциональной грамматики. Введение. Аспектуальность. Временная локализованность. Таксис*. Л., Наука, Ленинградское отдние, 124–152.

Vendler, Zeno (1967) *Linguistics in Philosophy*. Ithaca, New York: Cornell University Press.

Лингвострановедение を踏まえた意味記述についての覚え書*
Верещагин и Костомаров (1980) における意味に関する諸概念

阿出川修嘉

1. はじめに

1.1. лингвострановедение とレアリア

「Лингвострановедение」とは、言語教育に際して、通常の外国語の学習に加えて、当該言語が用いられている国それ自体に関する様々な情報についても含めた形で当該外国語の習得プロセスを経ることで、その言語の中にとどめられている豊かな精神性を獲得し、当該言語を使用する民族の文化にも通暁することを目指す研究領域である (cf. Верещагин и Костомаров 1980: 5)。

この領域は、主にロシア語の言語教育の分野においては、既にソ連時代の70年代〜80年代の時点で確立されていたと考えてよいだろう。例えば、主立ったところでは、Верещагин (Евгений Михайлович; 1939–) や Костомаров (Виталий Григорьевич; 1930–)[1] といった研究者によって、この分野の研究は盛んに行われ、Верещагин и Костомаров (1973, 1976)、Денисова (1978)、Верещагин и Костомаров (1980)、「Словари и лингвострановедение (1982)」といった成果が世に出されており、2000年代に入って以降も Верещагин и Костомаров (2005) や「Россия: большой лингвострановедческий словарь (2007)」などの研究成果が発表されている。

それに対して、日本では、この「лингвострановедение」という分野が言語教育の分野では、学問領域としてはほとんど認知されていない[2] ため、まずそうした分野が研究対象として成立しうることを認識することからまず始める必要があると言わざるをえないだろう。そもそもこうしたトピックがある

という認識それ自体がなければ、それらが言語教育や外国語学習、あるいは辞書の編纂という現場において意識されるはずがなく、教授法などの体系に組み込まれるということも考えにくい。もちろん、名称は違っていても、同種の概念が外国語教育・学習の現場では、意識的・無意識的に（場合によっては教師個人の裁量に応じる形で）扱われているとは思われるが、それをさらに分野として体系的に認知し、学問領域として確立していく必要がある時期に来ているのではないだろうか。その際に、ロシア語学における取り組みは当該分野の先達として大いに参考にできる部分があるだろう。

この分野において、鍵となる概念のうちの一つに「レアリア（реалия）」という概念がある。「レアリア」とは、元々は通訳・翻訳論の分野で提唱された概念で、物理的・物質的に存在している（あるいは過去に存在していた）、ありとあらゆる事物を指す（Влахов и Флорин 1980: 7）[3]。これはまた、ある国家の体制や、ある民族の歴史や文化なども含めうる、ありとあらゆる物質文化に属する事物をも指し、民族的な独自性を示す指標ともなる。このような、言語外現実の要素としての事物が「事物としてのレアリア（реалия-предмет）」として位置付けられているものである。

一方で、これらは、当該言語の中で、具体的に語や成句のような形式をもった反映物として言語体系内に存在している。このような、事物や概念を指し示す「語」（あるいは句）もまた、「レアリア」と呼ばれることがある。（「語としてのレアリア（реалия-слово）」）。これらは、ある言語の語彙体系内における、言語記号としての単位となっている。このような「語としてのレアリア」は、「等価語を持たない語彙（безэквивалентная лексика）」とも呼ばれ、一方の言語から他の言語へと翻訳を試みる際に多く困難を伴う。

このような「レアリア」を、外国語教育においてどのように位置付け、またどのように扱うべきかについては様々な立場があり、議論が続けられている[4]。

ここでは、「レアリア」を上述のように捉えた上で、外国語学習に際して想定しうる問題点を、1) 外国語学習において「レアリア」をどのように扱うべきか、2) 学習者が触れる辞書に関わる問題という、二つに大きく分け

た上で以下考えてみることにする。

1.2. 外国語学習において「レアリア」をどのように扱うべきか

　これは、「レアリア」（この場合は「事物としてのレアリア」と言えるだろう）というものに対する、学習者（あるいは当該外国語の教授者）のスタンスに関する問題とも言い換えられるだろう。

　① 学習段階でどれだけ「備え」たいか
　② 外国語を知っている、使いこなせるというのはどういうことか

　まず、上記①について見ていこう。これは、外国語学習という段階において、どれだけ「備え」を充実させたいかという点につながってくる問題である。もし仮に当該外国語の「レアリア」についての知識が全く無かったとしても、そうした知識を自分が持ち合わせていないということをきちんと相手に伝えることができる、あるいはそうした未知の情報について相手に尋ねて情報を得たりするといった一連のタスクが、その外国語を用いて遂行可能なのであれば、それ自体外国語習得の一定のレベルに到達していると考えることができるからである。したがって、学習時にはそうした知識は必ずしも必要ではないという立場を取ることもできるだろう。また、このことは、次の②とも関わってくる問題である。
　上記②は、学習に取り組む際の習得目標の設定に関わる問題である。上でも述べたように、どのレベルにまで到達することを目指すかによって、学習時に得なければならない（言語内的、言語外的双方の）知識は当然のことながら異なってくるだろう。学習者（あるいは教授者）が、「外国語を知っている」あるいは「外国語を使いこなせる」ということをどのように理解しているかに応じて、当該言語の「レアリア」の扱いも異なってくることになる。

1.3. 学習者が触れる辞書に関わる問題

　次に、ある外国語を学ぶ際、学習者が否が応でも触れることになる、辞書

に関わる問題である。

① 辞書における「レアリア」の情報の記述をどうするか
② ある単語の意味を学ぶ時に、どの意味から学ぶか、学ばせるか

まず上記①は、辞書（あるいは更に言えば学習用教科書についても同様のことが言えるだろう）における項目の記述に、そもそもこうした「レアリア」（この場合には「語としてのレアリア」）に関する情報を入れるべきなのかどうか、あるいは入れたとしても、どれくらい、どの程度入れ込むべきなのかといった点についての問題提起である。「レアリア」それ自体は、百科事典的知識と見なすこともできるだろうから、それを辞書にどれくらい入れ込むかは辞書編纂に際しての立場によって異なりうる。ロシア語の詳解辞典などでは原則としてこれらの情報については含められないのに対し、日本の露和辞典などは比較的多く取り込まれているとされる。こうした傾向は、英語の辞書などでは同様であるとのことで[5]、日本における外国語の辞書編纂に際しては、そこからの影響をも受けていると思われる。上にも書いたとおり、こうした情報を含めるか否かという判断は、辞書編纂に際してどのような方針を取るかによって異なりうるが、これは次に述べる②とも関わってくるだろう。

次に上記②については、より具体的な学習のプロセスにおいて辞書（あるいは教科書）を参照する際に生じてくる問題点である。例えば現実の発話（テキスト）において、ある未知の語と出会った場合、辞書を参照することになるが、その際その語が多義語である場合には、辞書にどの語義を最初に提示するか、という問題がある。こうした語義の提示方法については様々なアプローチが考えられる。例えば、1）語義の派生順に提示する、2）（語義の派生順には関わりなく）現実に用いられている語義を優先して提示する（既に廃れてしまっている語義などについては提示順を後ろの方にする、あるいはそもそも提示しない）、そして3）（現実に用いられている語義のみを提示する場合であっても）実際に用いられやすい語義を優先して提示する、などといっ

た方法が考えられるだろう。

1.4. 本稿で取り扱う問題

　前節までで述べたことはいずれも、当該外国語の習得レベルがどのようなレベルであっても、学習のプロセスにおいて学習者が常に接することになる、教科書、辞書、あるいは教師といったそれぞれの要素にも関わってくる問題である。これらの要素が、上に述べたような一連の（言語内的、言語外的な）情報を、どのように、どの程度提供するのか（あるいはできるのか）という点については、今後更に議論が深められ、また実際の学習の現場においても試行錯誤を重ねていくべきであろう。

　このような問題意識の下、本稿では、これらの要素のうち、「語としてのレアリア」が深く関わってくる辞書に関する部分について取り上げることにする。辞書の編纂・記述に関わってくる重要な部分である、Лингвострановедение の成果を踏まえた形で語の意味を記述していく上での重要な概念について、主に Верещагин и Костомаров (1980) での記述に沿って確認していく。今後辞書における語の意味記述を行うにあたり、そのあるべき姿を追い求め考えていく際の指針の一つとして、これらの諸概念を書き留めておくことにする。

　以下、まず第二節で「語」とそれが表す意味についての基本的な概念について概観した後、第三節において、これらの基本的な概念を踏まえた上で、現行の辞書の語釈において欠けているものについて考察し、今後補っていくべき課題として位置付ける。

2. 言語学の単位としての「語」とそれが表す意味についての基本的な概念

2.1. 概要

　本節では、まず「語」という単位について、またその「語」が表す意味について、Верещагин и Костомаров (1980) における基本的な理解について確認

する。

　他の言語記号と同様に、「語」もまた「表現面(план выражения)」と「内容面(план содержания)」とを有している。「表現面」は、語の形態的側面を指し、「語彙素(лексема)」とも呼ばれるものである。それに対して、「内容面」は、語の意味的側面を指し、Верещагин и Костомаров (1980)では、「概念(понятие)」、あるいは「語彙概念(лексическое понятие)」とも同定されている (cf. Верещагин и Костомаров 1980: 13)。

　本稿では、語の意味的な側面に注目するため、「内容面」に関わる諸概念について中心的に見ていくことにする。その観点から、Верещагин и Костомаров (1980)における、語の意味構造に関する考察を概観するが、次の第2.2.節で「語」の意味構造について確認する。そして、第2.3.節において「語」の「意味の構成要素(семантические доли)」の種類について見る。

2.2. 語の構造
2.2.1. 概要
　ここでは、「語」という単位の意味的な側面に関する以下の諸概念について確認する：

① 「(語彙)概念」
② 語彙素、語彙概念、対象という三者間の関係
③ 「意味の構成要素(семантические доли)」

2.2.2. 「(語彙)概念」：その意味と機能
　「概念(понятие)」(「語彙概念(лексическое понятие)」とも)とは、「規則(правило)」のことである。この「規則」を、ある「対象(объект)」を記述する(あるいは描写する)際に適用することによって、その「対象」が、そこで問題となっている「名称(наименование)」と一致する集合に属しているのかどうかを画定することができる (cf. Верещагин и Костомаров 1980: 13)。

　また、「概念」は、その機能という観点からすると、物を分類するという

人間の認識能力の道具であるとされている(cf. Верещагин и Костомаров 1980: 13)。「概念」の持つこの機能は、ある具体的な「対象(предмет)」、あるいは「現象(явление)」が、同一・同種の「対象」(あるいは「現象」)に帰属しているのか、あるいはそうでないのか(別の物、別種のものなのか)を画定するという点にある(cf. Верещагин и Костомаров 1980: 13)。

例えば、自分の目の前にある「物」(つまり「対象」)が、「椅子」であるのか(つまり、「椅子」という語によって表される物の集まりに属しているのか)、あるいは「机」であるのか(「机」という語によって表される物の集まりに属しているのか)ということを判断する際に、「椅子」あるいは「机」という「概念」の機能を用いて画定され、また逆に、「概念」によって画定された、これらの「物」(「対象」)は、「椅子」あるいは「机」と名付けられるということになる。

この「概念」は、人間の認識と強く結び付いている。その一方で、語の形態的側面(表現面)である「語彙素」とも結び付けられており、「言語(ラング)」に属するものでもある。つまり、言語を構成している言語単位の方が、語彙概念に影響を与えることもありうるのである(cf. Верещагин и Костомаров 1980: 13)。

しかしながら、「語彙概念」は、人間の思考や認識が産み出したものであり、そのため言語外現実によって決定されるものである(cf. Верещагин и Костомаров 1980: 14)。

また、「語彙概念」を構成しているのもまた、「語彙概念」である(cf. Верещагин и Костомаров 1980: 14)。例えば、ロシア語の「стул」という「語彙概念」を例にとると、「家具の一種」、「背もたれ」、「肘掛け」といった「語彙概念」から構成されている(この「椅子」という語の構造については下でも詳しく見る)。

2.2.3. 語彙素、語彙概念、対象：三者の関係

Верещагин и Костомаров (1980) では、オグデンとリチャーズ (cf. Ogden and Richards 1927) による「三角形」に言及する形で、ここまで見てきた「語彙

素」、「語彙概念」、そして言語外現実である「対象（предмет）」という、三つの概念の関係についてまとめている。

　下に、「語彙素」、「語彙概念」、そして「対象」の三つの関係についての図で示した。下図では、Верещагин и Костомаров (1980) において提示してある図の中で用いられている術語を、Верещагин и Костомаров (1980) の本文での説明に応じた形で置き換えてある (cf. Верещагин и Костомаров 1980: 19)。

　下図からも見て取れるように、「語彙素」と「対象」とは直接結び付けられるものではない（そのため図中では破線で示してある）。なぜなら、「対象」は、「語彙概念」を経由して初めて、「語彙素」と結び付けられるからである。

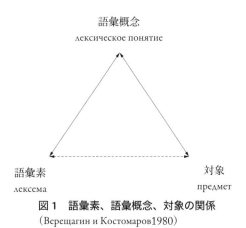

図1　語彙素、語彙概念、対象の関係
（Верещагин и Костомаров1980）

　当該「対象」の分類には、少なくとも二つの段階を経なくてはならない。第一の段階として、「その対象が何であるかが分かること（узнавание）」であり、第二の段階は、その対象を「名付けること（называние）」である。

　つまり、「語彙素」（あるいは「語」）は、「語彙概念」を名指しているのであって、その「語彙概念」を通じてのみ、当該「対象」は示されるのである。

2.3. 語の「意味の構成要素 (семантические доли)」
2.3.1. 概要
　この節では、上で見た「語彙概念」についてより詳しく見ていくことにする。

　まず、この「語彙概念」を構成している『意味の構成要素 (семантические доли)』について確認する。これは、「（意味）特徴 (признак)」、「意味要素 (семантический компонент)」、「意味乗数 (семантическая множитель)」などとも呼称されているものである。以下本稿では、このうち最も簡明な術語であると思われる「意味要素」という術語を主に用いることにする。

　そして、この「意味要素」は、Верещагин и Костомаров (1980) では、その機能に応じて分類が試みられているので、それについても触れる。

2.3.2. 「意味要素」
　「意味要素 (семантические доли)」とは、上で見た「語彙概念」を構成しているもののうち、基礎となる（「элементарный」）ものについて、Верещагин и Костомаров (1980) では特に取り上げ、このように呼んでいる。

　この「意味要素」は、それ自体が自立したものであり、ある意味要素は、それぞれ異なる別の語に含まれることもありうる。例えば、「椅子」という語彙概念に含まれている「家具」という意味要素は、（当然のことながら）「椅子」だけに含まれているものではなく、「机」、「棚」などの他の語彙概念にも含まれている (cf. Верещагин и Костомаров 1980: 15)。

　Верещагин и Костомаров (1980) に沿って、「стул」、「табурет (табуретка)」、「кресло」という3つの語の比較を通して、それぞれの語の「意味要素」について考えてみよう。これらは、いずれも「家具」であり、「その上に座るもの」であり、「一人用」であるということは共通しているが、「背もたれの有無」と「肘掛け部分の有無」という点について異なっている。「背もたれ」が無い場合には、それは「табурет (табуретка)」であり、肘掛けがある場合には「кресло」となる。今ここで挙げた「家具」、「その上に座るもの」、「一人用」、「背もたれの有無」、「肘掛け部分の有無」といった特徴は「意味

要素」であり、これらの要素の有無について表の形にまとめると、以下のようになる：

表 1　стул, табурет, кресло の意味要素の比較

語 ＼ 意味要素	家具	上に座る	一人用	背もたれの有無	肘掛け部分の有無
стул	+	+	+	+	−
табурет（табуретка）	+	+	+	−	−
кресло	+	+	+	+	+

上表で、それぞれの意味要素を有している場合にはプラスの記号で表わし、有していない場合にはマイナスの記号を用いて示している。

　これらの意味特徴の有無により、これらの語は、語彙体系内においてお互いに対立を成しており、そのため共存が可能となっているということになる。

2.3.3.　概要：「意味要素」の種類

　上で「意味要素」について見たが、Верещагин и Костомаров (1980) では、これを大きく以下の二つに分類している：

① 『概念分類に関わる意味要素（понятийные семантические доли）』
② 『概念分類以外に関わる意味要素（непонятийные семантические доли）』

以下では、それぞれについて確認する。

　まず、『概念分類に関わる意味要素（понятийные семантические доли）』について確認しよう。

　これは、上で見た「概念」の果たしている役割の最たるものである、物（対象）を分類するという役割を果たす意味要素のことを指している。

　上で見た、「стул」、「табурет（табуретка）」、「кресло」の場合を例にとって考

えてみよう。これらは、「家具」で、「一人用」で「上に座る」物であるというそれぞれの特徴を共有しており、それによって他の語、例えば「机」や「学校」などとは異なる物であると、我々の意識の中では区別（分類）されている。このような区別（分類）のための道具として役立っているのが、上でも述べた「概念(語彙概念)」というものなのである。この意味要素があることによって、ある概念Aとある概念Bとが別のものであるということが判断できるのである。

　それでは、もう一方の『概念分類以外に関わる意味要素（непонятийные семантические доли）』（あるいは『背景的意味要素（лексический фон, фоновые семантические доли）』）とは一体何だろうか。

　やはり、Верещагин и Костомаров（1980）の例にならい、「аптека」、「drug store」という二つの語について考えてみよう。「аптека」と「drug store」は、共に「薬を買うことのできる場所」という、共通の「語彙概念」を有しているが、「背景的意味要素」において大きな差異がある。

　アメリカの「drug store」では、薬を買うのはもちろん、それ以外にもサンドイッチやホットドッグのような食料品、ガムなどの嗜好品、また切手なども買うことができるという。それに対して、ロシアの「аптека」では、そうしたものは買うことはできない。こうした差異があるために、例えば、下のようなロシア語の例は（音韻的・文法的には全く正しいが）意味を成さないように響くということになる：

（1）　Пойди в аптеку и купи почтовую марку！
　　　「аптека」に行って郵便切手を買ってきて！

　これは、「切手が売られている」という意味要素が、ロシア語の「аптека」には含まれておらず、「drug store」に独特のものであるからである（cf. Верещагин и Костомаров 1980: 23）。

　日本語に置き換えて考えてみると、「аптека」や「drug store」に凡そ対応するものは「薬局」、「ドラッグストア」、「コンビニ」といったあたりになる

と思われるので、これらの語を用いると以下のようになる：

（２）　薬局に行って、切手を買ってきて！
（３）　ドラッグストアに行って、切手を買ってきて！
（４）　コンビニに行って、切手を買ってきて！

　上記のうち、本稿執筆時点で意味を成すと考えられそうなのは例（４）のみであることから[6]、言語間の対応関係は大まか以下のような対応関係が想定できるだろう：

表2　概念の各言語での対応関係

ロシア語	日本語	英語
аптека	薬局	drug store
―	ドラッグストア	
―	コンビニ	

　Верещагин и Костомаров(1980)では、同様の例が他にも挙げられているが、ここでは、「почтовые ящики」と「postbox」という語を取り上げてみよう。ロシアにおいては「почтовые ящики」は、通常建物の壁面に設置されているものであるのに対して、英国（及びかつてその支配下にあった国々）では、「postbox」は、道に立っているものであるという点で異なっている（cf. Верещагин и Костомаров 1980: 24）。どちらも、「配達されてきた郵便物を収めておく箱状の物」という点では共通しており、同一の概念を指しているものと考えられるが、壁面に設置しているのか、道路に設置されているのかという点まで考慮すると、全くの同一物とは言えない、ということになる[7]。しかし、この「壁面に設置されている」といった意味要素は、この語（ないしは「概念」）を、他の語と区別する際には必ずしも考慮しなくてもいいものである。

　このように、語には、「概念分類に関わる意味要素」だけではなく、言わば付加的な「背景的意味要素」も内在しているのである。Верещагин и

Костомаров (1980) では、このような、概念の分類という最も主要な機能に直接関わるものではないけれども、語に含められている意味要素を、「概念分類以外に関わる意味要素」と位置付けているのである。これは、「背景的意味要素 (лексический фон, фоновые семантические доли)」とも呼ばれる。

2.4. まとめ：「語」の組成としての「語彙素」と「意義素」

本節では、表現面と内容面からなる「語」の組成について、特に後者を中心にして確認した。

表現面には「語彙素」という単位が設定されており、それに対して内容面に対して設定されている単位は『意義素 (семема)』である。

「意義素」は、いくつかの意味要素 (意味の構成要素 = семантические доли) から成っている。そこには、物 (対象) を分類することを可能にしてくれる、「語彙概念 (概念分類に関わる意味要素)」と、それ以外の、物の分類には直接関わらない「意味要素」を有している。後者の「概念分類以外に関わる意味要素」を、「背景的意味要素」と位置付けている。

これらをまとめると下図のように示すことができるだろう。下図は Верещагин и Костомаров (1980) において提示されている図 (cf. Верещагин и Костомаров 1980: 26) に、適宜必要な術語を補うなど、筆者が改変を加えたものである：

語	表現面	語彙素		
	内容面	意義素	（複数の）意味要素	語彙概念 （概念分類に関わる意味要素）
				背景的意味要素 （概念分類以外に関わる意味要素）

図2　言語における「語」の組成

また、上の「стул」の例でも見たように、「語彙概念」、「背景的意味要素」共に、単一の意味要素から構成されるばかりではなく、複数の意味要素から

成っている場合もある。

3. 露和辞典の語釈に欠けている部分について

3.1. 現行の辞書の語釈とそこに欠けている要素

ここまでで、語の意味を構成している要素について概観した。この節では、これらの意味要素を踏まえつつ、これらを具体的に辞書の語釈の記述に活かしていくにはどうするかを考えてみたい。

例として、上でも見た「стул」という語に与えられている語釈を確認してみよう。ここでは差し当たり、日本で刊行されている二冊の露和辞典を取り上げる (cf. 研究社露和辞典、岩波ロシア語辞典)。それぞれの辞書では、下表に示すような語釈が与えられている[8]：

表3 「стул」に対する語釈の比較

辞書	語釈
辞書A	① いす ② ［定語を伴って］(～の)地位、職 ③ 《口語》(機械などの)台、台架 ④ 《単数のみ》【医】便通、通じ
辞書B	① 椅子、腰掛け(一人用で背もたれのあるもの) ② 《口語》(職務の)座、席、ポスト ③ (機械、装置の)台座 ④ 《単数のみ》【医】便通

これらの語釈から、先に見た、ロシア語の「стул」という語の意味要素が、この日本語の語釈にどの程度反映させることができているかについて考えてみよう。

上の語釈のうち、辞書Aの語釈を見る限りでは、上で見てきた、この語の持つ一連の意味要素(「家具」、「上に座る」、「一人用」、「背もたれ」、「肘掛け部分」)のうち、「概念分類に関わる意味要素」しか記述されていないことが分かる(「家具」、「上に座る」といった意味要素は日本語の「椅子」という語にも含まれている)。この意味要素が記述されていれば、他の物との区別

が可能になるという意味では誤りではない。しかし、その場合、「いす」と「机」や「棚」などの、その他の家具(その他の「対象」)との区別しかできない。「背景的意味要素」が十分に記述されていないため、同じ「家具」で「стул」の一種ではあるが、「対象」としては異なる物である、「табурет」や「кресло」との区別については、この語釈だけを見る限りではできないだろう[9]。日本語の「いす」という語には、「一人用」や「背もたれがある」といった意味要素は、(少なくとも筆者の語感に照らしてみると)含まれていないからである。

　このような、意味要素がどれだけ語釈に反映されているかという観点から見ると、辞書Bの語釈の方が、辞書Aの語釈よりも、より適切にロシア語の「стул」という語の表す概念を示す可能性がより高いと言えるだろう[10]。

　このように、現行の辞書では、その語の有している「意味要素」が全てカバーされているとは必ずしも言えず、また「背景的意味要素」についても同様に記述されていないというケースがあるということが分かる。したがって、その語の持つ全ての「意味要素」が日本語の語釈に反映されていないということになる。

　現状の抱える問題点としては、これらの意味要素が、(教師も含めた)個々人の知識の多寡に委ねられる形になってしまっており、学習者と共有されていないということなのである。

3.2. 必要十分な語釈提示の実現を妨げている要素

　それでは、なぜ従来の語釈では、全ての意味要素が反映されておらず、「背景知識を含む意味要素」を取り込むことができていないのだろうか。それは大きく分けて以下の二つの要因が考えられるだろう：

① 語の意味要素(意味の構成要素)に関する研究が進んでいない(あるいは研究の成果は既にあるが辞書の記述には反映しきれていない)
② 物理的な制約

まず第一に、そもそも語の意味に関する研究が進んでいないという可能性が挙げられるだろう。あるいは、語の意味の分析はある程度進んではいるものの、辞書を執筆する際に、そこで得られている成果が辞書の記述には完全に反映されていないという可能性も考えられる。もし前者であれば、意味の分析、記述を進めていくために具体的にどのような方法で取り組むべきかを考えてみる必要があるだろう。

それでは、どうやって語の意味の分析に着手するか。取り組む際には、いくつかの段階を経る必要があるだろう（ここでは、二言語辞書を念頭に置いている）。

まず、どの語の意味の記述から取り掛かるかという優先順位をつけていくために、何らかの基準により、分析の対象とする語の数を相当程度絞り込んでいく必要がある。

次に、これらの語の「意味の構成要素」を明らかにするべく記述を行っていく。Верещагин и Костомаров（1980）においても断片的に示されているように（cf. Верещагин и Костомаров 1980: 16–17）、ロシア語の詳解辞典の語釈を利用することで、「概念分類に関わる意味要素」については、記述を行うことは可能だろう。次に、「概念分類以外に関わる意味要素（背景的意味要素）」についての記述を行う、という段階を踏む。これらの段階を経て、「概念分類に関わる意味要素」と「概念分類以外に関わる意味要素」の双方の記述が出来上がるということになる。

そして、この記述が完成すれば、日本語と対照した場合に、意味の構成要素の比較が可能になり、意味要素の差異が大きいものと、逆にほぼ等しいものとの比較が可能になる[11]。その比較を通じて、もしロシア語と日本語とで差異が大きい場合や小さい場合に、それぞれどのように語釈をつけていけばよいかということが具体的に検討できるようになる。

しかしながら、仮に語の意味に関する記述が十分成されていたとしても、その情報を辞書に盛り込もうと思った場合に、従来の紙媒体で出版される形態では、紙数といったスペースの制限という観点から限界があるであろうことも想像できる（上記②の要因）。この点については、時代の進展とそれに応

じた科学技術の発展によって解決される可能性は高い。今後、辞書の出版も電子版が主流となっていくことには間違いはなく、そうすれば紙数という物理的制限から解放されるだろう。しかしながら、そうした状況が訪れた場合には、今度はその新たな状況に則した適切な記述が求められてくるので、どのように、またどの程度まで、それぞれの意味要素を提示していくのかについては絶えず議論が求められるだろう。

4. まとめ

本稿では、Верещагин и Костомаров (1980) における語の意味についての諸概念についてまとめた。

従来からある、いわゆる「成分分析」の手法であることには間違いないが、Верещагин и Костомаров (1980) では、多様な「意味要素」を、その性質（役割）に応じて、「概念分類に関わる意味要素」と「概念分類以外に関わる意味要素（背景的意味要素）」とに明示的に分類しているという点で興味深いものとなっている。

管見によれば、上でも少しく触れた通り、恐らく前者の意味要素は、時間・時代の推移による変化を受けにくいという意味で「固定的」なものであり、後者の意味要素は、時代の推移などにより大いに変化を受けやすく、「流動的」な性質を持っているのではないかと思われる。

「概念分類に関わる意味要素」を適切に語釈に含めるということは、必要最低限の課題であり、これまでの意味論あるいは辞書学などの中心的な課題であったと考えられるが、今後更に求められてくるのは「背景的意味要素」の適切な記述だろう。その際、「背景的意味要素」の内容は流動的なものでありうるという性質を踏まえ、そうした現実の変化、及びそれに伴うロシア語の変化を、絶えずとらえて適切な語釈を付けていくことが求められる。

このような、絶えざる語の意味の変化に追いつき、記述に反映させるというのは、旧来の、紙媒体で発行されてきている辞書が最も苦手とする部分の一つであると言えるだろう。今後、辞書の発行形態として電子フォーマット

が主流となっていくにつれて、こうした「変化」を反映させやすい土台が出来上がってくるものと思われる。そうなった時に、今度は「新たな」辞書の、語釈の記述及び提示の方法、辞書自体のリリースの方法、またそれに応じた辞書の編纂体制の確立というものも新たな課題となってくるだろう。

注
* 本稿の初出は、『ロシア語学と言語教育 V』（堤正典編、神奈川大学言語研究センター、2015 年）だが、今回再掲載するにあたり、加筆・修正を加え、稿を改めている。
1 両者の生年については、Энциклопедия（1996）に依っている。
2 このことは、そもそもこの術語に対して日本語の定訳が存在していないという点からも伺うことができる。
3 この概念について最初に体系的な分析が試みられたのは、恐らく Влахов и Флорин（1980）が最初だろうと思われる。
4 先に神奈川大学において行われた、『シンポジウム・ユーラシアを研究する「言語教育におけるレアリア～ロシア語と日本語」』（2014 年 7 月 12 日）もそうした試みのうちの一つである。筆者はここでコメンテーターとして参加する機会を得た。
5 上のシンポジウムの際の堤正典神奈川大学教授からのコメントによる。
6 日本においても、コンビニエンスストアで切手を買えるようになったのは、この業態が発足した当初からではなかったように思われる。そのため、語の担う「背景的意味要素」は時間とともに絶えず加減し、変化しうるということになる。
7 Верещагин и Костомаров（1980）において、他に挙げられている例は、「журналист」、「почтальон」、「аптекарь」と、フランス語の「journaliste」、「facteur」、「pharmacien」といった語の対比などである（cf. Верещагин и Костомаров 1980: 23–24）。
8 下表では、提示されている語釈を順に列挙することに主眼を置き、語釈を提示する際の順番や提示方法などは、ここでの引用に際しては形式を統一してある。また、用例等についても省略している。
9 なお、ロシア語の詳解辞典である Большой толковый словарь（1998）の語釈を見てみると、以下のような語釈が与えられている（上と同様に例文等は省略）：
  (1) Род мебели: предмет на четырёх ножках, без подлокотников, обычно со спинкой, предназначенный для сидения одного человека;

（2）Спец. Подставка под какой-л. механизм, инструмент, строение и т. п.;
（3）только ед. Действие кишечника; испражнение.

　このように、上記の語釈の（1）では、家具の一種であること（「род мебели」）、肘掛けがないこと（「без подлокотников」）、通常背もたれがあること（「обычно со спинкой」）、一人が腰掛けるためのものであること（「предназначенный для сидения одного человека」）、というように、先に本文で見た全ての意味要素が語釈に含まれている。更に、この辞書での語釈では、これらに加えて、「足が四本（「на четырёх ножках」）」という意味要素も加えられている。

10　しかし、同時に語釈が説明的な性格を強く帯びることにもなりかねず、一般に語釈に求められる簡明さとの両立という点では難しくなるというのは否めないだろう。

11　同様の手法によって日本語の語の意味要素も明らかにすることが必要だが、ここではひとまず脇に置く。

12　この文献に関しては、Верещагин и Костомаров（1980）において提示されている書誌情報に沿って文献を示している。その際、サブタイトル、出版者、版表示の情報については筆者が補った。

参考文献

Верещагин, Е. М., Костомаров, В. Г. (1973) *Язык и культура: лингвострановедение в преподавании русского языка как иностранного*. М., Изд-во Московского университета.

Верещагин, Е. М., Костомаров, В. Г. (1976) *Язык и культура: лингвострановедение в преподавании русского языка как иностранного*. Изд. 2-е, перер. и доп. М., Русский язык.

Верещагин, Е. М., Костомаров, В. Г. (1980) *Лингвострановедческая теория слова*. М., Русский язык.

Верещагин, Е. М., Костомаров, В. Г. (2005) *Язык и культура: три лингвострановедческие концепции: лексического фона, рече-поведенческих тактик и сапиентемы*. М., Индрик.

Влахов, С., Флорин, С. (1980) *Непереводимое в переводе*. М., Международное отношение.

Денисова, М. А. (1978) *Лингвострановедческий словарь* / под редакцией Е. М. Верещагина и В. Г. Костомарова. М., Русский язык.

Кузнецов С. А. (ed.) (1998) *Большой толковый словарь русского языка*. СПб., Норинт.

Ogden C. K., Richards I. A. (1927) *The Meaning of Meaning: a study of the influence of language upon thought and of the science of symbolism*. 2nd ed., rev. London: K. Paul, Trench, Trubner & co., ltd; New York: Harcourt, Brace and company.[†]

Россия: большой лингвострановедческий словарь: 2000 реалий истории, культуры, природы, быта и др. / под общей редакцией Ю. Е. Прохорова. М., АСТ-ПРЕСС, 2007.

Словари и лингвострановедение: сборник статей / под главной редакцией Е. М. Верещагина. М., Русский язык, 1982.

Энциклопедия (1996) — *Русский язык. Энциклопедия*. Ю. Н. Караулов (ред.) Изд. 2-е, перер. и доп. М., Большая российская энциклопедия; Дрофа, 1996.

東郷正延、染谷茂、磯谷孝、石山正三（編）（1988）『研究社露和辞典』. 研究社.

和久利誓一、飯田規和、新田実（編）（1992）『岩波ロシア語辞典』. 岩波書店.

† この文献に関しては、Верещагин и Костомаров（1980）において提示されている書誌情報に沿って文献を示している。その際、サブタイトル、出版者、版表示の情報については筆者が補った。

III
ロシア語学習語彙について
語形変化学習との相関

ロシア語初等学習者のための文法と語彙
動詞・形容詞*

堤 正典

1. はじめに

　はじめてロシア語を学ぶ人に何をどのような順序で教えるか。これは教科書を作成する際に常に検討しなければならない問題である。ロシア語に限ったことではないが、語彙と文法は学習者が学習すべき最重要の事項である。語彙と文法をどのような順番で教えていくべきか。ここではこのことについて検討したいと思う。

　学習者の覚える語彙、すなわち教師が教える語彙は、よく使われるもの、役に立つものを当然優先すべきである。一方、文法もより有用なものを優先すべきであるが、その優先順位の他に、理解しやすいもの、覚えやすいもの、規則的なものから先に導入するという順番もある。優先度が高い語彙に関わる文法事項が必ずしも文法事項そのものにおける優先度と一致しないことがある。

　ロシア語は語形変化の豊かな言語である。初等学習者がマスターすべき文法項目として、語形変化を覚え、それを適切に使えるようになることはかなり重要なものの一つである。ロシア語の場合、語形変化をする品詞は、それに含まれるすべての語が同じ語形変化をするということはなく、一つの語形変化について複数の変化タイプがある。一つの品詞におけるこのような複数の変化タイプには、比較的多数の語に共通するいわゆる「規則的な」ものもあれば、比較的少数の語にのみあらわれる「不規則な」ものもある。「規則」変化をする語は数の上では多いが、すべてが使用頻度の高い重要語であ

るわけではない。一方、「不規則な」変化の語は少数ではあるが、多くの場合、使用頻度の高い重要語である。したがって、教師はロシア語学習者にはかなり早い段階から、「不規則」変化をもつ語も導入しなければ、いくつかの重要語が学習できないままとなってしまう。

初等学習者が学ぶべき語彙において、「規則」変化タイプの語、すなわち基本変化タイプの語と、「非規則」変化タイプの語、すなわち特殊変化タイプの語のバランスを把握し、どのように文法事項としての語形変化を導入していくかの検討が必要である。

本稿では、初等学習者がまず覚えるべきであると考えられる語彙を上位600語に限定し、そのなかの語形変化をする品詞として重要な動詞・形容詞について、語形変化タイプの観点から分類し、文法としてどの語形変化タイプを優先して学習者に提示すべきかを考察する[1]。

600語の選択については、Brown (1996) を用いた。この辞書ではロシア語の10000語について学習者にとっての語彙としての重要度の観点から順番がつけて並べてある（文法の観点、特に語形変化については考慮されていないようである）。本稿の筆者が対象とするロシア語学習者は日本語話者であるが、Brown (1996) は必ずしも日本語話者のロシア語学習者を利用者として想定してはいない[2]。しかし、大部分は日本人のロシア語学習者にも適用できると考える。また、ソヴィエト連邦解体などによるロシア社会の変化にともないロシア語学習者の学ぶべき語彙も変化していると考えられるが、Brown (1996) では一部には少し古めの語もあがっている[3]。しかし、それもごく少数の語であるから（特に基本的な語については）さほど問題はないと判断した[4]。以下ではBrown (1996) の上位600語をB600と表記する。本稿でのロシア語の前の数字はB600における順位である。また、本稿でのロシア語への日本語訳は代表的なものと思われるもののみを添えている。

なお、語形変化を分析する際に綴り字を用いるよりも音素表記を用いることが言語学においては妥当であるが、それは学習者にとって（特に初等学習者にとって）相当の負担であるから、本稿では通例ロシア語教育で行われているとおりロシア語の綴り字を用いて分析し考察することとする。

2. 動詞

2.1. 動詞の語形変化

　動詞は B600 には 127 語含まれている。そのうち 54 語は完了体である。完了体・不完了体の区別は、通例、文法書の後半以降におかれるものである。筆者も初等学習者の学習事項にはなじまないものと考える。ここでは完了体については、初等学習段階では出てきたとしても定形ではなく、無人称述語の構文において不定形で用いられるものと想定し、語形変化タイプによる分類は不完了体の現在変化と過去変化についてのみ行う。以下、不完了体の現在形と過去形とに関わる文法事項をあげていく。

　不完了体の現在形は変化語尾により、第一変化と第二変化に分けられる（それ以外のものもごく少数ある）。それぞれに不定形語幹（過去語幹）と現在語幹とで音の交替がないもの（ここでは「基本変化」と呼ぶ）とあるもの（ここではそれらをまとめて「特殊変化」と呼ぶ）がある。

　第一変化の特殊変化における子音交替はすべての形に関わる。一方、第二変化のそれは一人称単数形のみにおこる。

（１）　第一変化 писать（書く）：**пишу, пиш**ешь, ... **пиш**ут
　　　　第二変化 любить（愛する）：**люблю, люб**ишь, ... **люб**ят

　語尾においても（綴り字上の）変種が第一変化・第二変化それぞれにある。第一変化ではアクセントが語尾にある場合、語尾の е は ё となる。また、特殊変化においては語尾の ю が у となる場合もある（一人称単数形と三人称複数形にあらわれる）。

（２）　第一変化語尾
　　　a.　基本変化　читать（読む）：читаю, читаешь, читает, читаем, читаете, читают

b. 特殊変化
　　　1. 語尾アクセント пнть（歌う）: пою, поёшь, поёт, поём, поёте, поют
　　　2. 語尾 ю → у ехать（[乗り物で] 行く）: еду, едешь, едет, едем, едете, едут

　第二変化では基本変化動詞のうちにもいわゆる「正書法の規則」[5]が適用されて、語尾が純粋な基本変化とは異なるものがある。第二特殊変化動詞にも「正書法の規則」が適用されるものがある（第二変化語尾の語尾アクセントは語幹アクセントと綴り字の上で同じである）。

（3）　第二変化語尾
　　a. 基本変化 говорить（言う）: говорю, говоришь, ... говорят
　　b. 「正書法の規則」適用
　　　1. 基本変化 слышать（聞こえる）: слышу, слышишь, ... слышат
　　　2. 特殊変化 видеть（見える）: вижу, видишь, ... видят

　また、アクセントの移動も学習すべき項目である。現在形の場合、第一変化では基本変化にはないが、第二変化では基本変化するものにもアクセントの移動はある（現在形のアクセントの移動は一人称単数形で語尾にアクセントがあり、その他では語尾の一つ前の音節にアクセントがある）。さらに、先にも言及したとおり、アクセントの移動がなくとも語尾にアクセントがある場合、第一変化では語尾が（綴り字上）基本変化とは異なる。過去形にも語尾アクセント・移動アクセントは存在する（過去形での語尾アクセントは実際上は単数男性形では語幹にアクセントがあるが、「語尾が音節をなさないため一つ前の音節にアクセントがずれる」という他の品詞にも共通する「仮想アクセント」ルールによるものと解釈される。また、過去形でのアクセントの移動は、女性形でアクセントが語尾にあり、その他では語幹［多くの場合先頭音節］にある）。

（4）　現在形のアクセント

a. 語幹アクセント строить（建設する）：стро́ю, стро́ишь, ... стро́ят
b. 語尾アクセント говорить（言う）：говорю́, говори́шь, ... говоря́т
c. 移動アクセント смотреть（見る）：смотрю́, смо́тришь, ... смо́трят

（5） 過去形のアクセント
a. 語幹アクセント читать（読む）：чита́л, чита́ла, чита́ло, чита́ли
b. 語尾アクセント мочь（できる）：мо́г, могла́, могло́, могли́
c. 移動アクセント жить（住む）：жи́л, жила́, жи́ло, жи́ли

これらのことはすべてロシア語学習者が(最終的には)把握すべきことがらである。

2.2. B600 における動詞

第一変化の動詞は B600 の不完了体 73 語のうち 42 語である[6]。そのうち、基本変化は 25 語（ся 動詞 5 語を含む）、特殊変化は (7, 8, 9) のタイプの音交替をもつものがそれぞれ 2 語ずつあり、その他に (10) としてまとめて列挙した 1 語ずつの語形変化タイプが計 11 語ある[7]。

これらのうち、現在形で (9) の 2 語と (10f) の мочь は移動アクセントをもち、(8) の 2 語と (10b, c, e) の 8 語は語尾アクセントをもつ。過去形では語尾アクセントが (10b, f) の 4 語、移動アクセントが (10d, e) の 5 語である[8]。

（6） 第一基本変化
（現在形・過去形ともに語幹アクセント）

43	знать	知っている
83	работать	働く
93	думать	考える
110	делать	する
175	понимать	理解する
217	слушать	聞く
226	рассказывать	話しをする

230	читать	読む
233	бывать	よくいる・ある
240	иметь	所有する
267	отвечать	答える
301	спрашивать	質問する
328	играть	遊ぶ
353	продолжать	続ける
355	начинать	始める
359	уметь	能力がある
372	помогать	助ける
392	считать	考える
556	показывать	見せる
581	называть	呼ぶ
314	заниматься	勉強する
468	собираться	集まる
532	являться	〜である
572	стараться	努力する
600	начинаться	始まる

（7）第一特殊変化 -ова- → -у-[9]
（現在形・過去形ともに語幹アクセント）

480	следовать	従う
516	здравствовать	健康である

（8）第一特殊変化 -ва- → -φ-（ゼロ）
（現在形は語尾アクセント、過去形は語幹アクセント）

440	давать	与える
588	оставаться	残る

（9）第一特殊変化 ш/ж
（現在形は移動アクセント、過去形は語幹アクセント）

164	писать	書く

149　казаться　　　〜に見える

(10)　第一特殊変化　その他
  a. 現在形・過去形：ともに語幹アクセント
    420　ехать　　［乗り物で］行く
  b. 現在形・過去形：ともに語尾アクセント
    64　идти　　［歩いて］行く
    388　вести　　連れて行く
    486　расти　　育つ
  c. 現在形：語尾アクセント、過去形：語幹アクセント
    383　петь　　歌う
  d. 現在形：語幹アクセント、過去形：移動アクセント
    10　быть　　いる・ある、〜である
  e. 現在形：語尾アクセント、過去形：移動アクセント
    114　жить　　住む
    203　ждать　　待つ
    419　брать　　［手に］取る
    428　звать　　呼ぶ
  f. 現在形：移動アクセント、過去形：語尾アクセント
    38　мочь　　できる

　第二変化の動詞(不完了体)は 28 語である。そのうち基本変化は 14 語(ся 動詞 2 語を含む)であるが、(12)の「正書法の規則」に関わるものが 8 語(ся 動詞 1 語)あるので、純粋に基本変化の(11)は 6 語(ся 動詞 1 語)である。特殊変化は現在形の一人称単数形で語幹の末尾子音が ш/ж に交替する(13)歯音変化と、同じく現在一人称単数形で語幹の末尾に л が挿入される(14)唇音変化がある。(13)歯音変化は 11 語(7 語が ходить とそれからの派生動詞)で、(14)唇音変化は 3 語(ся 動詞 1 語)である。
　第二変化の場合、現在形の移動アクセントは(11b)に 1 語あり、(12b)に 3 語、(13b)に 8 語、(14b)に 1 語である(第一変化と異なり、語尾アクセント

は語幹アクセントと比べて語尾の綴り字上の違いはないので、それを問題とする必要はない)。過去形では(14c)の1語が移動アクセントである[10]。

(11) 第二基本変化
    a. 現在形：語幹・語尾アクセント（過去形：語幹アクセント）
        39   говорить   言う
        104   стоять   立っている
        282   помнить   覚えている
        552   строить   建設する
        312   бояться   恐れる
    b. 現在形：移動アクセント（過去形：語幹アクセント）
        102   смотреть   見る

(12) 第二基本変化・「正書法の規則」
    a. 現在形：語幹・語尾アクセント（過去形：語幹アクセント）
        182   значить   意味する
        250   слышать   聞こえる
        259   лежать   横たわっている
        376   молчать   黙っている
        394   кричать   叫ぶ
    b. 現在形：移動アクセント（過去形：語幹アクセント）
        512   держать   持っている
        576   учить   覚える
        134   учиться   学ぶ

(13) 歯音変化
    a. 現在形：語幹・語尾アクセント（過去形：語幹アクセント）
        89   видеть   見える
        143   сидеть   座っている
        440   садиться   座る
    b. 現在形：移動アクセント（過去形：語幹アクセント）

	186	уходить	［歩いて］去る
	247	ходить	歩く
	252	входить	［歩いて］入る
	283	просить	頼む
	348	приходить	［歩いて］到着する
	408	выходить	［歩いて］出る
	424	проходить	［歩いて］通る
	416	приходиться	〜しなければならない

(14) 唇音変化
 a. 現在形：語幹・語尾アクセント（過去形：語幹アクセント）
  548 нарвиться 気に入っている
 b. 現在形：移動アクセント（過去形：語幹アクセント）
  173 любить 愛する
 c. 現在形：語尾アクセント、過去形：移動アクセント
  300 спать 眠る

 第一変化・第二変化以外のものが3語ある。(15)の2語は現在形の単数が第一変化（語幹末尾子音がчに交替・アクセント移動あり）で、複数が第二基本変化する（хотеться は無人称動詞）。(16)は第二変化語尾と三人称複数形のみが異なるもので1語のみである（現在形変化のなかで一人称単数形と三人称複数形で語幹のж がг に交替。語尾アクセント）。3語とも過去形は規則どおりである（語幹アクセント）。

(15) 73 хотеть 〜したい
  499 хотеться 〜したい（気がする）
(16) 370 бежать 走って行く

 以上をまとめると表1となる。

表1　動詞

語形変化タイプ		語数[11]	現在・アクセント			過去・アクセント		
			語幹	語尾	移動	語幹	語尾	移動
第一変化	基本	25(5)	25	0	0	25	0	0
	-ова- → -у-	2(0)	2	0	0	2	0	0
	-ва- → -ϕ-	2(1)	0	2	0	2	0	0
	ш/ж	2(1)	0	0	2	0	0	0
	その他	11(0)	2	8	1	2	4	5
	計	42(7)	29	10	3	33	4	5
第二変化	基本	6(1)	3	2	1	6	0	0
	基本・正書法	8(1)	1	4	3	8	0	0
	歯音	11(2)	1	2	8	11	0	0
	唇音	3(1)	1	1	1	2	0	1
	計	28(5)	6	9	13	27	0	1
хотеть (ся)[12]		2(1)	0	[2]	[2]	2	0	0
бежать		1(0)	0	1	0	1	0	0
総計		73(13)	35	20[2]	16[2]	63	4	6

2.3. 初等学習者のための動詞の文法

　第一変化動詞の現在形の場合、特殊変化動詞はどのタイプも多くて2語であるから、現在語幹については個別に記憶することになろう。ただし、語尾アクセントは10語あるので、語尾の基本変化とのちがいについて指摘しておくことは必要である。

　第二変化動詞の現在形については基本変化で「正書法の規則」の適用もなく語幹または語尾にアクセントをもつ最も「規則的」と考えられるものは5語のみである。「正書法の規則」の適用を受けるものと特殊変化をあわせると22語となる（ただし、そのうち7語は ходить とそれからの派生語であるから、これらについては ходить の語形変化をマスターすれば他のものもマスターしたことになるかもしれない）。

　現在形で移動アクセントがある語は(15)の2語を除いて計16語ある。第一変化と第二変化でともに共通する移動アクセントについてはふれる必要がある。

過去形については、第二変化では1語移動アクセントがあるのみで、第一変化に語尾アクセントが4語と移動アクセント5語存在する。個別に記憶させてもよいであろうが、これらは派生語を作る動詞が多いので、これらをマスターすることによって、後の学習過程でそのような派生語の語形変化の学習がスムーズになるであろうことは十分に考えられる[13]。

B600を用いて、初等学習者に教えるべき動詞の変化に関する文法項目は以下のものがあり、(17)に示す順で優先順位が高いと考えられる。その他の変化については、その語に固有のものとして(とりあえず)記憶させることになる。

(17) a. 第一変化・第二変化の(現在形・過去形の)基本変化
　　 b. 第二変化現在形における「正書法の規則」適用
　　 c. 現在形の移動アクセント
　　 d. 第一変化現在形の語尾アクセントの場合の語尾
　　 e. 第二変化現在形の歯音変化
　　 f. 過去形の語尾アクセント・移動アクセント
　　 g. 第二変化現在形の唇音変化

3. 形容詞

3.1 形容詞の語形変化（長語尾形）

形容詞については、長語尾形を考察の対象とする。ロシア語の形容詞には長語尾形の他に短語尾形があるが、長語尾形と短語尾形との区別(特に用法上の区別)はロシア語初等学習者にとっては少し高度な文法項目であると考え、ここでは考察の対象としない。さらに、短語尾形の有無や比較級、さらに短語尾形の移動アクセントについてもここでは検討しない。

ロシア語の形容詞長語尾形には以下のような主要な変化タイプが存在する[14]。なお、格変化形は表示を省略する。

(18) 硬変化型
　　単数男性形　　новый　　　　単数中性形　　новое　　　　新しい
　　単数女性形　　новая　　　　複数形　　　　новые
(19) 硬変化・語尾アクセント型
　　単数男性形　　молодой　　　単数中性形　　молодое　　　若い
　　単数女性形　　молодая　　　複数形　　　　молодые
(20) 軟変化型
　　単数男性形　　последний　　単数中性形　　последнее　　最後の
　　単数女性形　　последняя　　複数形　　　　последние
(21) 混合変化・語幹末尾 г/к/х 型
　　単数男性形　　маленький　　単数中性形　　маленькое　　小さい
　　単数女性形　　маленькая　　複数形　　　　маленькие
(22) 混合変化・語幹末尾 ж/ч/ш/щ 型
　　単数男性形　　хороший　　　単数中性形　　хорошее　　　良い
　　単数女性形　　хорошая　　　複数形　　　　хорошие
(23) 混合変化・語尾アクセント型
　　単数男性形　　большой　　　単数中性形　　большое　　　大きい
　　単数女性形　　большая　　　複数形　　　　большие

　純粋に文法体系の観点からは(18)硬変化型と(20)軟変化型が基本的なものである。(19)硬変化・語尾アクセント型は(18)硬変化型の語尾アクセントの変種で、綴り字上は単数男性形のみが異なる。また、(18)硬変化型と(20)軟変化型の双方の語尾があらわれる(21)と(22)の混合変化型がある。(23)混合変化・語尾アクセント型は(21)混合変化・語幹末尾 г/к/х 型と単数男性形のみが綴り字上で異なるタイプである。

　形容詞型の変化をするものは、形容詞型の名詞や、代名詞(「疑問代名詞」として疑問詞を含む)の一部や、順序数詞がある。B600には形容詞型の名詞は русский (ロシア人；ロシアの)の1語があるが、これは形容詞と名詞の双方で349番とされている。代名詞と順序数詞については、参考のため次節

でそれぞれの変化タイプの形容詞のあとに該当する語をあげておく。なお、B600 に含まれる順序数詞は первый（第 1 番目の）から順に восьмой（第 8 番目の）までの 8 語であった。

3.2. B600 における形容詞

上記の変化タイプで、B600 中最も多いのは (18) 硬変化型で、33 語である。これに続くのは (21) 混合変化・語幹末尾 г/к/х 型で 9 語、(22) 混合変化・語幹末尾 ж/ч/ш/щ 型が 7 語、(19) 硬変化・語尾アクセント型と (23) 混合変化・語尾アクセント型の二つの語尾アクセントの変種がそれぞれ 4 語で、最後が (20) 軟変化型の 2 語である。

ただし、他の品詞を含めると、(18) 硬変化型では代名詞に 4 語、順序数詞に 3 語があり、合計で 30 語となり、(21) 混合変化・語幹末尾 г/к/х 型では代名詞の 1 語が加わり、計 10 語、また、(19) 硬変化・語尾アクセント型では代名詞の 1 語と順序数詞の 4 語と合わせ、計 9 語、(23) 混合変化・語尾アクセント型では代名詞の 3 語とともに計 7 語となる。

(24)　硬変化型

	58	новый	新しい
	176	старый	古い
	212	собственный	固有の
	219	белый	白い
	224	главный	主要な
	253	красный	赤い
	262	интересый	面白い
	265	нужный	必要な
	269	разный	異なった
	281	народный	民衆の
	294	целый	〜丸ごと
	302	полный	完全な

318	прошлый	この前の
333	чёрный	黒い
366	сильный	強い
380	огромный	巨大な
402	красивый	美しい
417	тяжёлый	重い
437	длинный	長い
439	чистый	清潔な
443	военный	戦争の
458	добрый	善良な
464	знакомый	知り合いの
484	личный	個人の
514	спортивный	スポーツの
515	весёлый	陽気な
518	зелёный	緑色の
543	крупный	大型の
546	художественный	芸術的な
549	школьный	学校の
567	известный	有名な
571	готовый	準備ができている
582	важный	重要な

代名詞

32	который	何番目の
71	каждый	それぞれの
72	самый	最も
352	некоторый	いくらかの

順序数詞

| 48 | первый | 第1番目の |
| 330 | пятый | 第5番目の |

| | 410 | четвёртый | 第4番目の |

(25) 硬変化・語尾アクセント型

	106	молодой	若い
	450	живой	生きている
	574	простой	簡単な
	577	иной	別の

代名詞

| | 505 | любой | 任意の |

順序数詞

	119	второй	第2番目の
	442	шестой	第6番目の
	474	седьмой	第7番目の
	553	восьмой	第8番目の

(26) 軟変化型

| | 192 | последний | 最後の |
| | 367 | средний | 真ん中の |

(27) 混合変化・語幹末尾 г/к/х 型

	151	маленький	小さい
	205	высокий	背が高い
	334	великий	偉大な
	336	широкий	広い
	349	русский	ロシアの
	351	советский	ソヴィエトの
	491	многий	たくさんの
	523	детский	子供の
	551	американский	アメリカの

代名詞

| | 400 | всякий | あらゆる |

(28) 混合変化・語幹末尾 ж/ч/ш/щ 型

  118 хороший 良い
  243 настоящий 現在の
  277 старший 年上の
  320 лучший 最良の
  344 будущий この次の
  399 общий 全体的な
  510 похожий 似ている

(29) 混合変化・語尾アクセント型

  47 другой 他の
  57 большой 大きい
  374 дорогой 高価な
  545 небольшой 大きくない

 代名詞

  37 такой そのような
  45 какой どのような
  448 никакой どんな〜［もない］

なお、準序数詞に一例だけ物主形容詞 -ий 型が含まれている（200 третий ［第3番目の］）。

(30) 物主形容詞 -ий 型

  単数男性形 третий 単数中性形 третье 第3番目の
  単数女性形 третья 複数形 третьи

以上を表2にまとめる[15]。

表2　形容詞・他

語形変化タイプ	形容詞語数	代名詞語数	順序数詞語数	計
硬変化	33	4	3	40
混合変化 г/к/х	9	1	0	10
混合変化 ж/ч/ш/щ	7	0	0	7
硬変化・語尾アクセント	4	1	4	9
混合変化・語尾アクセント	4	3	0	7
軟変化	2	0	0	2
物主形容詞 -ий	0	0	1	1
計	59	9	8	76

3.3. 初等学習者のための形容詞の文法

　表2によれば、語数では（代名詞・順序数詞を含めても）硬変化型が最も多い。この変化タイプを基本として学習させることは既存の教科書等でも多く行われている。これに続くのは、混合変化・語幹末尾 г/к/х 型である。B600を用いて形容詞変化を教える場合にはこのタイプの優先度を高くすることは妥当である。次は、形容詞だけの語数をとると、混合変化・語幹末尾 ж/ч/ш/щ 型であるが、代名詞・順序数詞まで含めると、わずかに硬変化・語尾アクセント型が多くなり、混合変化・語尾アクセント型も混合変化・語幹末尾 ж/ч/ш/щ 型と同数である。語尾アクセント型の二つはそれぞれ硬変化型と混合変化・語幹末尾 г/к/х 型とに比べて格変化形を含めても単数男性主格形のみが異なるだけである。これらの語尾アクセントの変種としてこれらと一緒に導入することも考えられる（実際そのようにされることも多い）。軟変化型については2語だけであるので、その2語に特有のものとしてもよいであろうが、硬変化型との比較対照で覚えさせることも考えられる。

　形容詞型の変化に順序数詞を含めて教えるとしても、B600の範囲では200 третий（第3番目の）は特有のものとして覚えさせるのがよいであろう。

　B600を用いて形容詞変化を導入する場合、以下の順位が考えられる（この優先順位で教えるとなると「混合変化」という用語は「硬変化」と「軟変化」を知っていることを前提としているのであるから、改められるべきかも

(31) a. 硬変化型および硬変化・語尾アクセント型
　　 b. 混合変化・語幹末尾 г/к/х 型および混合変化・語尾アクセント型
　　 c. 混合変化・語幹末尾 ж/ч/ш/щ 型
　　 d. 軟変化型

4. まとめ

　以上、B600 を用いて、どのような語形変化が重要視されて、動詞と形容詞の文法の導入を行うべきかを考察し、(17)と(31)の結論を得た。

　ここでの結論は、B600 においてどの変化タイプに属する語が多いかが主要な基準となっている。したがって、600 語という比較的少数の語彙に限った場合であり、検討する語彙の範囲を広げると、また異なる結論に達することも考えられる。

　600 語は一つの言語のマスターには少なすぎる。しかし、上の検討内容から、逆に考えることもできて、600 語であってもかなりの語形変化は学習することができるとも言えよう。

　また、実際に教材を作成する場合には、さらに様々な要素をふまえて編纂しなければならない。しかし、上記の結果は重要な指針の一つとなると確信する。

注
* 本稿の初出は『神奈川大学言語研究』第 24 号(神奈川大学言語研究センター、2002 年)であり、若干の形式上の改稿を行っている。
1 ここで取りあげる 2 品詞および名詞は語数が多く、語形変化についてはタイプとして記憶すべきものである。一方、これら以外の代名詞・数詞・副詞・接続詞・前置詞・助詞・間投詞については事情が異なる。代名詞・数詞はそれに含まれる

語が少数であり、個々の語がそれぞれ異なる変化タイプに属することも多いので、個別に記憶すべきである（一部の語は形容詞と共通の変化タイプに属し、それらについては本文で言及している）。また、副詞のなかには比較級を変化形としてもつものがあるが、これは形容詞の比較級と同形となり、比較級は本稿での考察の対象外となっている。接続詞・前置詞・助詞・間投詞は語形変化がない。

2 例えば、形容詞の американский（アメリカの）と английский（イギリスの）はそれぞれ 551 番と 734 番であるが、японский（日本の）は 2791 番である。
3 例えば、351 советский（ソヴィエトの）がある。この語の重要度はまだ高いとも考えられるが、少なくとも最重要 600 語からは除外されてもよいと筆者は考える。
4 なお、Brown (1996) には 297 студент（学生）、363 школьник（生徒）、381 ученик（生徒）、597 господин（紳士・〜さん）のように、対応する女性名詞が存在する語について、男性名詞のみが記載されている。これについて再考の余地がないとは考えないが、B600 のなかでは上の 4 語のみであるのでそのままにした。
5 その主要なもの（かつ、本稿の範囲で関係するもの）として、「文字 г, к, х, ж, ч, ш, щ のあとでは ы, ю, я を書かず、変化語尾等としてそれらの文字が接続する場合には代わりにそれぞれ и, y, a と綴る」がある。
6 慣例に従い、人称変化形が未来形となる быть も不完了体に含める。
7 動詞 идти の現在形については、現在変化語尾に ю → y の交替があるものの、不定形語幹と同じ現在語幹 ид- に語尾がつき、不定形と同じ語尾アクセントなので、基本変化とも考えられるが、ここでは特殊変化に含めておく。
8 以下では当該の語形変化タイプに ся 動詞も含まれる場合、そうではないものとは別にして、それらの末尾に ся 動詞を（まとめて）示す。
9 いわゆる овать 型動詞である。
10 Федянина (1982) での語尾アクセントのとらえ方と異なる。ここでは真に過去語尾にアクセントがあるもの（単数男性形は除く）だけを語尾アクセントとする。
11 かっこ内はそのうちの ся 動詞の語数。
12 このタイプの現在形のアクセントについては語尾・移動の双方にまたがるので、[　] 内に示す。
13 10 быть（いる・ある、〜である）や 114 жить（住む）では過去形に否定助詞 не がついた場合、単数女性形以外では否定助詞にアクセントが移動する。これは移動アクセントの一種（またはその延長線上の現象）であるが、学習者には個別のものとして覚えさせることになるであろう。
14 この他にも、硬変化・語幹末尾 ц 型や物主形容詞型（2 種類）がある。物主形容詞型の 1 種を除いて、B600 に含まれないので、それらについては省略する。
15 表 2 では形容詞の語数の多い順番に並べている。

参考文献

Brown, J. Nicholas. (1996) *Russian Learner's Dictionary*. London and New York: Routledge.

Федянина, Н. А. (1982) *Ударение в соверменном русском языке*. 2-е изд. Москва: Русский язык.

ロシア語初等学習者のための文法と語彙
名詞[*]

堤 正典

1. はじめに

　ロシア語の名詞についての学習者の重要な課題の一つは格変化を記憶することである。名詞の格変化は、形容詞や動詞と同様に、以下にみるようないくつかのタイプに分類される。ロシア語の語彙全体の中では語数の多い「規則的」なタイプもあれば、少数の「不規則」なタイプも存在する。有用な表現を使えるようにするというのが外国語教育の本来の目的であるなら、たとえ初等学習者であっても導入すべき語が「規則的」なタイプばかりであるわけではない。形容詞や動詞の場合と同様に、名詞においても初等学習者がいわゆる「不規則」な変化タイプの語もある程度使えるようになる必要がある。ロシア語の教師や教材作成者はそのような文法事項をどのように効率よく学習者に導入するかに留意しなければならない。

　本稿は、動詞と形容詞を取りあげた堤 (2002)[1] と同様の手法を用いて、ロシア語初等学習者のための名詞における文法と語彙について考察するものである。すなわち、初等学習者がまず覚えるべきであると考えられる語彙を600語に限定し、そのなかの名詞について語形変化タイプの観点から分類し、名詞の文法としてどの語形変化タイプを優先して学習者に提示すべきかを検討する。600語の選択については、Brown (1996) を用いた[2]。以下ではBrown (1996) の上位600語を B600 と表記する。本稿でのロシア語の前の数字は B600 における順位である。また、本稿でのロシア語への日本語訳は代表的なものと思われるもののみを添えている。

なお、語形変化を分析する際に綴り字を用いるよりも音素表記を用いることが言語学においては妥当であるが、音素表記による表記と分析は学習者にとって(特に初等学習者にとって)相当の負担であり、実際のロシア語教育の場では実用的ではない。したがって、本稿では通例ロシア語教育で行われているとおりにロシア語の綴り字を用いて分析し考察することとする(例には、必要な場合、アクセント記号を付している)。

名詞に関わる文法事項としてはそれぞれの格の用法などもあり、それらを学習者にどのように導入するかは重要な問題であるが、ここでは語形変化のみを考察の対象とする。本稿は語彙数600程度の初等学習者が学ぶべき文法事項を検討するもので、複数主格以外の複数形の変化は、そのような学習者にはまだ導入すべき文法事項ではないと考え、ここでは考慮に入れないこととする。

2. 名詞の語形変化

ロシア語の名詞の語形変化は単数形と複数形とにおける格変化である。通常は、主格・生格・与格・対格・造格・前置格の6格が存在するとされる。単数主格形が辞書形とみなされ、単数形がない名詞は複数主格が辞書形となる[3]。

名詞では生物を表すものにも無生物を表すものにも、男性・中性・女性の性の区別があり、その多くのものは語末の形式によって区別される。ロシア語教育においては、通例、単数主格の語末形式によってそれを学習者に導入する。一部には、同じ語末形式であるにもかかわらず異なる性となるものもあり、個別に性を暗記しておく必要のあるものや、意味を考慮に入れればどの性が区別できるものがある。

（1） 男性名詞
- a. 子音字(-й 以外)　　стол（テーブル）、месяц（月）、отец（父）、товарищ（同僚）、карандаш（鉛筆）、урок（授業）、город（都市）、друг（友達）、хозяин（主人）
- b. -ь　　строитель（建設労働者）、секретарь（秘書）、путь（道）、лагерь（キャンプ）
- c. -й　　герой（英雄）、санаторий（サナトリウム）
- d. -а　　папа（パパ）
- e. -я　　дядя（おじさん）

（2） 中性名詞
- a. -о　　окно（窓）, дерево（木）, небо（空）
- b. -е (-ё)　　море（海）、ружьё（銃）、солнце（太陽）、собрание（集会）
- c. -мя　　время（時間）

（3） 女性名詞
- a. -а　　женщина（女性）、улица（通り）、задача（課題）、душа（魂）、книга（本）
- b. -я　　песня（歌）、семья（家族）、станция（駅）
- c. -ь　　часть（部分）、мать（母）

　(1b) の男性名詞と (3c) の女性名詞はどちらも語末が -ь で、この語末をもつ名詞は個々に性を記憶しなければならない場合が多い[4]。また、(1d, e) の男性名詞は語末形式が (3a, b) の女性名詞と同じであるが、男性を表す名詞は男性名詞に含まれる[5]。

　語形変化のタイプ分けをする際に着目しなければならないのは、単数造格・単数前置格・複数主格である。男性名詞・中性名詞・女性名詞の単数主格語末形式と三つの格語尾の対応をみていく。

（4）男性名詞

	単数主格	単数造格	単数前置格	複数主格	例
m1–1	子音字(m1–2～6 以外)	-ом	-е	-ы	стол
m1–2	ц（語幹アクセント）	-ем	-е	-ы	месяц
m1–3	ц（語尾アクセント）	-ом	-е	-ы	отец
m1–4	ж/ч/ш/щ（語幹アクセント）	-ем	-е	-и	товарищ
m1–5	ж/ч/ш/щ（語尾アクセント）	-ом	-е	-и	карандаш
m1–6	г/к/х	-ом	-е	-и	урок
m1–7	子音字	-ом	-е	-á	город
m1–8	子音字	-ом	-е	-ья	друг
m1–9	子音字	-ом	-е	その他	хозяин
m2–1	ь（語幹アクセント）	-ем	-е	-и	строитель
m2–2	ь（語尾アクセント）	-ём	-е	-и	секретарь
m2–3	ь（特殊変化）	-ём	-е	-и	путь
m2–4	ь	-ем	-е	-я́	лагерь
m3–1	й（и＋й 以外）	-ем	-е	-и	герой
m3–2	и＋й	-ем	-и	-и	санаторий
m4	а	-ой	-е	-ы	папа
m5	я	-ей	-е	-и	дядя

　（4）の表で、m1–1 の「子音字」は ц/ж/ч/ш/щ/г/к/х/й 以外の子音字であり、このタイプは硬変化の基本的なものである。一方、m2–1 と m3–1 は軟変化の基本的なものである。また、m4 と m5 の男性名詞はすべての変化形においてそれぞれ -а と -я の女性名詞と同じである[6]。

　単数造格について、単数主格の語末が ц または ж/ч/ш/щ の場合、アクセントの位置により語尾が異なる（m1–2, m1–3, m1–4, m1–5）。単数主格の語末が -ь の場合、アクセントが語尾にあるものは単数造格の語尾が -ём である（m2–2, m2–3）。

　単数前置格では、m3–2 は語末の й の前が и（すなわち ий）ののものでは、語尾が -и となる。

　複数主格では、m1–4～6 で、いわゆる「正書法の規則：г/к/х/ж/ч/ш/щ のあとには ы/ю/я を書かずそれぞれ代わりに и/у/а とする」により複数主格語

尾が -ы ではなく -и となる。なお、m1-7 の男性名詞は複数主格語尾が -á となる。また、m1-8 の друг（友達）の複数主格形 друзья のように -ья の複数主格形も存在する。

（5） 中性名詞

	単数主格	単数造格	単数前置格	複数主格	例
n1-1	о	-ом	-е	-а	окно
n1-2	о	-ом	-е	-ья	дерево
n1-3	о	-ом	-е	その他	небо
n2-1	е (ц/ж/ч/ш/щ/и + е 以外)	-ем	-е	-я	море
n2-2	ё	-ём	-е	-я	ружьё
n2-3	ц/ж/ч/ш/щ + е	-ем	-е	-а	солнце
n2-4	и + е	-ем	-и	-я	собрание
n3	мя	-менем	-мени	-мени	время

　（5）表で、n1-1 は硬変化の基本的なタイプで、n1-2 と n1-3 は複数主格形がそれとは異なる（дерево - деревья「木」、небо - небеса「空」）。また、n2-1 は軟変化の基本的なもので、n2-3 は「正書法の規則」によりそれとは複数主格形が異なっている（ここでは ц も同様のふるまいをする）。さらに、n2-4 では単数前置格で男性名詞の m3-2 と同様の語尾をとる。

（6）　女性名詞

	単数主格	単数造格	単数前置格	複数主格	例
f1–1	а (f1–2〜5 以外)	-ой	-е	-ы	женщина
f1–2	ц+а (語幹アクセント)	-ей	-е	-ы	улица
f1–3	ж/ч/ш/щ+а (語幹アクセント)	-ей	-е	-и	задача
f1–4	ж/ч/ш/щ+á (語尾アクセント)	-ой	-е	-и	душа
f1–5	г/к/х+а	-ой	-е	-и	книга
f2–1	я (и+я 以外 語幹アクセント)	-ей	-е	-и	песня
f2–2	я́ (語尾アクセント)	-ёй	-е	-и	семья
f2–3	и+я	-ей	-и	-и	станция
f3–1	ь	-ью	-и	-и	часть
f3–2	ь (特殊変化)	-ер-ью	-ер-и	-ер-и	мать

　（6）の表で、f1–1 は硬変化の基本的なタイプで、語幹にアクセントをもつ語末形式 ц の f1–2 は単数造格において f1–1 と異なる。また、f1–3 と f1–4、f2–1 と f2–2 はアクセントの位置によって単数造格語尾が異なっている。f2–1 は軟変化の基本的タイプである。「正書法の規則」による語尾は f1–3〜5 に現れている。f2–3 における -и の単数前置格は ия のものに現れ、男性名詞 ий 及び中性名詞 ие と同様である。

　さて、B600 の名詞が上で述べた語形変化のタイプにどのように分類されるのかを次節でみる。

3.　B600 における名詞

　B600 には名詞が 201 語含まれている。そのうち、男性名詞は 91 語、中性名詞が 38 語、女性名詞が 68 語である。残りの 4 語は、単数形をもたない複数専用名詞（471 деньги「お金」と 76 люди「人々」、225 дети「子供たち」、489 ребята「子供たち、仲間たち」といった特殊な複数形を独立に見出し語としているものである。この 4 語はここでの格変化タイプの分類からはずしておく。

その他の B600 の名詞は語形変化の分類で以下のようになる（男性名詞 m1–5 と m3–2、中性名詞 n2–2 のタイプは B600 に存在しなかった）。それぞれの分類番号に続けて、単数主格の語末形式を（必要であればその他の特徴も）添えて分類のタイプを示し、それぞれに含まれる語を列挙していく。

（7）　男性名詞

　　　m1–1　　　子音字（ц/ж/ч/ш/щ/г/к/х/й 以外）―「基本的硬変化」

51	год	年、歳
80	раз	回、倍
115	труд	労働
139	стол	テーブル
158	народ	民衆
163	вопрос	質問、問題
196	час	時、時間
227	совет	助言、会議
244	план	計画
264	район	地区
272	мир	世界、平和
274	комитет	委員会
278	вид	眺め、外見、種類
285	разговор	会話
286	двор	中庭
290	союз	同盟
297	студент	（男子）学生
310	сад	庭園
329	институт	単科大学、研究所
354	член	メンバー
360	свет	光、世界
371	ветер	風

387	хлеб		パン
413	взгляд		視線、見解
414	инженер		技師
427	опыт		経験、実験
434	угол		角、隅
452	образ		様式
460	рассказ		物語
466	нос		鼻
472	доклад		報告
487	колхоз		コルホーズ
511	зал		ホール
525	ответ		答え
530	завод		工場
537	съезд		大会
539	ход		進行
542	клуб		クラブ
563	самолёт		飛行機
565	шофёр		運転士
578	результат		結果
598	солдат		兵士
m1–2	ц(語幹アクセント)		
288	месяц		月
m1–3	ц(語尾アクセント)		
195	отец		父
210	конец		終わり
m1–4	ж/ч/ш/щ(語幹アクセント)		

	298	товарищ	仲間、同志
m1–6		г/к/х	
	144	мальчик	男の子
	214	художник	画家
	255	урок	授業、レッスン
	268	начальник	上司
	347	язык	言語、舌
	363	школьник	(男子)生徒
	381	ученик	(男子)生徒
	390	празник	祝日、祭日
	422	воздух	空気、大気
	446	кружок	サークル
	453	порядок	秩序、順序
	455	успех	成功
	541	шаг	一歩
	593	бог	神
m1–7		子音字(複数主格語尾 -á)	
	78	дом	家、建物
	84	город	都市
	87	глаз	目
	181	голос	声、得票
	209	лес	森
	238	вечер	晩
	293	берег	岸
	321	мастер	熟練工、名人、職長
	342	снег	雪
	401	директор	(組織の)長、支配人

403	номер	番号、〈ホテルの〉部屋	
579	доктор	医師	

m1–8　子音字(複数主格語尾 -ья)

130	друг	友達	＞друзья́
325	сын	息子	＞сыновья́
326	брат	兄、弟	＞бра́тья

m1–9　子音字(複数主格語尾その他)

63	челове́к	人	＞лю́ди
418	цвето́к	花(一輪)	＞цветы́
447	хозя́ин	主人	＞хозя́ева
597	господи́н	〜さん、紳士	＞господа́

m2–1　ь(語幹アクセント)―「基本的軟変化」

276	гость	客
405	па́рень	若者
454	строи́тель	建設労働者
590	ка́мень	石

m2–2　ь(語尾アクセント)

81	день	日
322	секрета́рь	書記、秘書

m2–3　ь(この語のみの特殊変化)

218	путь	道、道のり	＞пути́、пути́、путь、путём、пути́; пути́

m2–4　ь(複数主格語尾 -я)

	463	лагерь	キャンプ、収容所

m3–1　　й（и＋й 以外）―「基本的軟変化」

	280	случай	場合、出来事、機会
	534	герой	英雄

m4　　а

	315	папа	パパ

m5　　я

	449	дядя	おじさん

（8）　中性名詞

n1–1　　о-「基本的硬変化」

	53	дело	こと、仕事
	86	слово	単語
	121	место	場所、席
	146	лето	夏
	156	лицо	顔
	165	письмо	手紙
	188	окно	窓
	257	тело	体
	365	право	権利、法律
	382	чувство	感覚
	406	хозяйство	経済
	431	молоко	牛乳
	462	утро	朝、午前
	509	начало	始め
	550	государство	国家

594	общество	社会	

n1–2　о（複数主格語尾 -ья）
309	дерево	木	＞ дере́вья

n1–3　о（複数主格語尾その他）
339	плечо	肩	＞ пле́чи
519	небо	空、天	＞ небеса́

n2–1　е（ц/ж/ч/ш/щ/и＋е 以外）―「基本的軟変化」
249	поле	草原	
379	море	海	

n2–3　ц/ж/ч/ш/щ＋е
345	сердце	心臓
377	солнце	太陽

n2–4　и＋е
307	собрание	集会、コレクション
389	движение	動き
391	внимание	注意
438	занятие	授業、仕事
503	мнение	意見
513	предприятие	企業
521	отношение	態度、関係
559	здание	建物
569	решение	解決、決定
575	произведение	作品
583	знание	知識

	592	развитие	成長、発展
	596	условие	条件

n3　мя

	62	время	時間
	236	имя	（人の）名前

（9）女性名詞

　　f1–1　　　　（f1–2 〜 5 以外）—「基本的硬変化」

	60	работа	仕事
	99	вода	水
	123	страна	国
	131	машина	自動車
	133	комната	部屋
	136	голова	頭
	148	сторона	側、面、方
	170	сила	力、強さ
	185	минута	分
	228	газета	新聞
	245	правда	真実
	273	картина	絵
	291	война	戦争
	295	группа	グループ
	306	женщина	女性
	323	стена	壁
	358	квартира	住戸
	384	борьба	闘い、格闘技
	430	жена	妻
	445	игра	遊び、競技、演奏

479	культура	文化、教養	
481	команда	チーム、乗組員、命令	
485	школа	(初等・中等)学校	
488	причина	理由、原因	
493	мама	ママ	
531	форма	形式	
555	пауза	ポーズ	

f1–2	ц＋а（語幹アクセント）	
177	улица	通り
562	птица	鳥

f1–3	ж/ч/ш/щ/＋а（語幹アクセント）	
369	задача	課題

f1–4	ж/ч/ш/щ/＋á（語尾アクセント）	
409	душа	魂

f1–5	г/к/х＋а	
103	рука	手、腕
145	девушка	若い女性
174	дорога	道
179	книга	本
211	нога	足
220	республика	共和国
395	фабрика	工場
429	стройка	建設工事、建築物
435	бумага	紙
470	техника	技術

477	встреча	出会い、会談	
490	девочка	女の子	
522	бабушка	おばあさん	
527	доска	黒板	
589	наука	科学、学問	

f2-1　я（и+я 以外語幹アクセント）—「基本的軟変化」

235	песня	歌
451	деревня	農村
529	неделя	週

f2-2　я́（語尾アクセント）

138	земля	大地、土地
461	семья	家族

f2-3　и+я

237	партия	党
375	история	歴史、話
465	армия	軍隊
492	организация	組織
494	станция	駅
599	революция	革命

f3-1　ь

68	жизнь	人生、生命、生活
129	дверь	ドア
251	ночь	夜中
275	мысль	考え
299	часть	部分

	317	помощь	援助
	385	речь	言葉、スピーチ
	478	возможность	可能性
	483	очередь	順番、行列
	533	вещь	物、持ち物

	f3-2	ь(特殊変化)	
	167	мать	母

以上の語数を表にまとめる。

(10) 男性名詞

	単数主格	単数造格、単数前置格、複数主格	語数
m1-1	子音字(「基本的硬軟変化」)	-ом、-е、-ы	42
m1-2	ц(語幹アクセント)	-ем、-е、-ы	1
m1-3	ц(語尾アクセント)	-ом、-е、-ы	2
m1-4	ж/ч/ш/щ(語幹アクセント)	-ем、-е、-и	1
m1-5	ж/ч/ш/щ(語尾アクセント)	-ом、-е、-и	0
m1-6	г/к/х	-ом、-е、-и	14
m1-7	子音字	-ом、-е、-á	12
m1-8	子音字	-ом、-е、-ья	3
m1-9	子音字	-ом、-е、その他	4
m2-1	ь(語幹アクセント)	-ем、-е、-и	4
m2-2	ь(語幹アクセント)	-ём、-е、-и	2
m2-3	ь(特殊変化)	-ём、-и、-и	1
m2-4	ь	-ем、-е、-я́	1
m3-1	й(и+й 以外)	-ем、-е、-и	2
m3-2	и+й	-ем、-и、-и	0
m4	а	-ой、-е、-ы	1
m5	я	-ей、-е、-и	1

(11) 中性名詞

	単数主格	単数造格、単数前置格、複数主格	語数
n1–1	о（「基本的硬軟変化」）	-ом、-е、-а	16
n1–2	о	-ом、-е、-ья	1
n1–3	о	-ом、-е、その他	2
n2–1	е（ц/ж/ч/ш/щ + е 以外）	-ем、-е、-я	2
n2–2	ё	-ём、-е、-я	0
n2–3	ц/ж/ч/ш/щ + е	-ем、-е、-а	2
n2–4	и + е	-ем、-и、-я	13
n3	мя	-менем、-мени、-мени	2

(12) 女性名詞

	単数主格	単数造格、単数前置格、複数主格	語数
f1–1	а（「基本的硬軟変化」）	-ой、-е、-ы	27
f1–2	ц + а（語幹アクセント）	-ей、-е、-ы	2
f1–3	ж/ч/ш/щ + а（語幹アクセント）	-ей、-е、-и	1
f1–4	ж/ч/ш/щ + á（語尾アクセント）	-ой、-е、-и	1
f1–5	г/к/х + а	-ой、-е、-и	15
f2–1	я（и + я 以外 語幹アクセント）	-ей、-е、-и	3
f2–2	я́（語尾アクセント）	-ёй、-е、-и	2
f2–3	и + я	-ей、-и、-и	6
f3–1	ь	-ью、-и、-и	10
f3–2	ь（特殊変化）	-ер-ью、-ер-и、-ер-и	1

4. 初等学習者のための名詞の文法

　(10)の男性名詞の表によると、最も語数が多いのは m1–1 のタイプで、これは硬変化の基本的なタイプである。次は m1–6 の「正書法の規則」が関わるものである。それらに続くのは語尾にアクセントがある -á の複数主格形をもつ語となっている。また、軟変化タイプの ь や й の語末形式の語はそれほど多くはない。

(11) の中性名詞については、やはり基本的な硬変化のタイプである n1–1 が多い。それに次ぐのは n2–4 の ие タイプの語である。

(12) の女性名詞においても最も多いのは f1–1 の硬変化の基本的なタイプのものである。続いて、f1–5 の「正書法の規則」が関わるタイプである。さらに、ь で終わる語、ия で終わる語となっている。

これらのことから名詞の格変化の導入について、次の優先順位が考えられる（並行して導入すべきものはそのことも考慮に入れた）。

(13) a. 男性名詞・女性名詞・中性名詞における硬変化の基本的タイプ
b. 男性名詞・女性名詞の (г/к/х により)「正書法の規則」が関わるタイプ
c. 中性名詞 ие と女性名詞 ия のタイプ
d. 男性名詞の複数形が -á となるタイプ
e. 女性名詞の ь で終わるタイプ

これら以外のものは例外的なものとして学習者に解説することが許されるであろう。

格変化形については、六つの格を一括して導入することはほとんどなく、それぞれの格をその用法とともに別個に学習させるのが普通の方法であると考えられる。そのような場合、(13) から考えられるのは、まずそれぞれの性の基本的硬変化の変化形を導入し、他のタイプの語を基本的硬変化との違いとして説明するやり方である。例えば、複数主格形を取りあげる際には、まず硬変化の基本的タイプの語尾を学習者に提示し、次に「正書法の規則」が関わるタイプの複数主格、その次に中性名詞 ие と女性名詞 ия のタイプ（軟変化）、男性名詞の語尾 -á のタイプ、等々という順に学習させていく。また、単数前置格では、やはり硬変化の基本タイプ（この場合、軟変化でも同じであるが）を学習させ、続いて中性名詞 ие と女性名詞 ия のタイプ（場合によっては男性名詞の ий も同時に）、女性名詞の ь で終わるタイプ、という順に導入していくわけである。

全体的に基本的軟変化タイプは語数が少なく、優先度が低くならざるをえ

ない。基本的軟変化の導入方法としては、(13c) の中性名詞 ие と女性名詞 ия のタイプから導いていく方法、または、硬変化との対応関係を学習者に理解させることにより習得を促す方法が考えられる。

注

* 本稿の初出は『神奈川大学言語研究』第 26 号（神奈川大学言語研究センター、2004 年）であり、若干の形式上の改稿を行っている
1 堤 (2002) は本書に再録している。
2 この辞書ではロシア語の 10000 語について学習者にとっての語彙としての重要度の観点から順番をつけて並べてある（文法の観点、特に語形変化については考慮されていないようである）。本稿の筆者が対象とするロシア語学習者は日本語話者であるが、Brown (1996) は必ずしも日本語話者のロシア語学習者を利用者として想定してはいない。しかし、大部分は日本人のロシア語学習者にも適用できると考える。また、ソヴィエト連邦解体などによるロシア社会の変化にともないロシア語学習者の学ぶべき語彙も変化していると考えられるが、Brown (1996) では一部には少し古めの語もあがっている。しかし、それもごく少数の語であるから（特に基本的な語については）さほど問題はないと判断した。
3 一部の名詞には、一つの格に複数の形式をもつものがある。例えば、час (時間) では、単数生格は чáса あるいは чáсу、ただし 2/3/4 などとともに用いられる場合は два часá (二時・二時間)、単数前置格は часе の他に意味により (в) часý もある。このようなものは (系統的に文法として学ぶのは) 初等学習者の学ぶべき範囲を超えていると考え、ここでの考察の対象に含めない。また、アクセントの移動や出没母音も、早い段階での学習には不向きと考え、やはり考察の対象とはしない。
4 ただし、жь/чь/шь/щь のものは女性名詞であり、それぞれ語末に ь がないものは男性名詞である（例えば ночь「夜中」は女性名詞であるが、врач「医師」は男性名詞）。また、-ость のものは男性名詞の гость (客) を除いて女性名詞である（例えば возможность「可能性」）。
5 この「自然性が文法性に優先する」という原則は外国人名など外来語にも適用される。
6 m4 のタイプには「正書法の規則」が関わるものも存在するが、B600 にはそのようなものがなかったので表では省略した。例えば、Миша（男性人名 Михаил の略称形）がそうである。B600 に含まれない語形変化タイプで、タイプ分けにおいて初等学習者にとって重要と思われないものいくつかは (4) 〜 (6) の表で省略してある。

参考文献

Brown, J. Nicholas. (1996) *Russian Learner's Dictionary*. London and New York: Routledge.

Федянина, Н. А. (1982) *Ударение в современном русском языке*. 2-е изд. Москва: Русский язык.

堤正典 (2002)「ロシア語初級学習者のための文法と語彙―動詞・形容詞」『神奈川大学言語研究』第 24 号、pp.149–167.

ロシア語学習語彙における
語形変化の傾向
ТРКИ 第 1 レベル必須語彙を用いた分類・分析

菊池諒

1. はじめに

　ロシア語は語形変化が豊富で、アクセントの移動やそれに伴う発音の変化も頻繁に起こり、かつそれらが非常に重要な働きを持つ言語である。
　豊富な変化の中で多くの語に共通して当てはまるものを取り出し分類したのが「変化型」であるが、日常会話において頻繁に用いられている語や変化型もあれば日常会話では滅多に用いられない語や変化型もある。もちろん学習者がまず覚えるべきは前者である。
　またどの言語にも言えることだが、より頻繁に用いられる語は古い時代から残り使われ続けていることが多く、その変化型も、多くの語に当てはまる変化のしかた（規則的な変化）から外れている（不規則である）ことが多い。語学学習においては不規則な変化を持つ語を知りその変化型を記憶することが非常に重要であり、語学を早く習得し使えるようになるためにはそういった語を優先的に習得していくべきとも言える。
　ではロシア語学習者がまず習得すべき、頻繁に用いられる語にはどの変化型が多く、どの変化型から覚えていけばよいのか。また不規則な変化を持つ語はどのようなものがどの程度あり、それらをどのような順序で覚えていくべきなのか。堤(2002, 2004)[1]を参考に、ロシア語学習者がまず習得すべき語彙について変化のしかたを分析し、学習者の立場から考察することが本論文の目的である。

ТРКИ について

　ロシア語の語学力の判定基準として、ТРКИ（Тест по русскому языку как иностранному）という試験がある。ロシア語圏へ留学する際にも語学力判定のために用いられるこの試験はロシア連邦教育科学省が認定する国家試験であり、入門レベル・基礎レベル・第1～第4レベルと六つのレベルに分かれている。そのうちロシアの大学（学部）に入学するために必要であると定められているのは第1レベルで、必要な語彙数は2300語とされている。また第3レベルの能力があればロシアの大学院に入学でき、第4レベルはネイティブと同じレベルであるとされている。本論ではロシア語学習者がまず習得すべき語彙として ТРКИ 第1レベルに必要な語彙を分類し、その傾向を分析する。

2.　準備

　ТРКИ 第1レベルに必要な語彙の選択については Андрюшина（2013）を用いた。この本には見出し語として2396の語彙が掲載されている[2]。併せて語の意味も掲載されているが、第1レベルに必要な意味のみが掲載されているため、いくつかの異なる意味を持つ語については Андрюшина（2013）に掲載されている意味での変化型のみを調べた（例：лист にはいくつかの意味があるが、Андрюшина（2013）に掲載されているのは「（植物の）葉」の意味だけであるため、その意味での変化型のみ集計した）。

　また名詞・形容詞などの格変化やアクセント位置、動詞の語形変化やアクセント位置などは、語によっては辞書ごとに異なる記載がされている場合がある。特に、廃れてしまった古い形で現在は使われていないもの、俗語的に使われるもの、変化型に揺れが生じる（複数の異なる変化が許容される）ものなどに曖昧さが生じるものが多い。そのため現地ロシアで著された文法辞書の代表的なものとして、変化型についてはすべて Зализняк（2008）に記載されているもので統一した[3]。

Зализняк (2008) における表記、分類について

Зализняк (2008) は語形変化・アクセント位置等が記された逆引き辞典である。この辞典では格変化やアクセント位置の違いといったあらゆる情報を特定の記号で表しており、本論でもそのまま記号を用いて表すこととする。記載の凡例は以下の通りである。

(1) 　　　見出し語　　品詞　　変化・アクセントタイプ　　その他
　　a.　друг　　　мо　　3с　　　　　△ мн. друз|ья́, -е́й, -ья́м
　　b.　умере́ть　св　　нп 9b/c ①　△ прич. прош. уме́рший◐II (умира́ть)

数字は変化型のタイプ別(同じ数字のものは同様の変化をする)、アルファベットはアクセント位置のタイプ別を表し、その他は語ごとに掲載すべき情報が表されている。その際多くの略語と記号が用いられているが、略語については末尾の付録にまとめて記載した。記号については、Андрюшина (2013) に登場する語彙に現れるものは適宜解説し、その他 Андрюшина (2013) に登場する語彙に現れない記号については省略する。

以下に、それぞれの品詞の Зализняк (2008) におけるタイプ分類について解説する。

2.1. 名詞

名詞には 1〜8 の八つの変化タイプと a〜f の六つのアクセントタイプが存在する。

(2) 　変化タイプ
　　1　語幹が硬子音で終わるもの (заво́д, коро́ва)
　　2　語幹が軟子音で終わるもの (слова́рь, по́ле)
　　3　語幹が г, к, х で終わるもの (рыба́к, соба́ка)
　　4　語幹が ж, ч, ш, щ で終わるもの (това́рищ, душа́)
　　5　語幹が ц で終わるもの (у́лица, со́лнце)

6　語幹が и を除く母音か й で終わるもの（герóй, ущéлье）
　　7　語幹が и で終わるもの（лúния, остриё）
　　8　その他の特殊なもの（путь, любóвь, úмя）
（3）　アクセントタイプ
　　a　常に語幹にあるもの（кнúга, здáние）
　　b　常に語尾にあるもの [4]（нож, похвалá）
　　c　単数形では語幹に、複数形では語尾にあるもの（буй, мéсто）
　　d　単数形では語尾に、複数形では語幹にあるもの [5]（игрá, винó）
　　e　単数形と複数形主格では語幹に、複数形の他の格では語尾にあるもの（волк, ýхо）
　　f　複数形主格では語幹に、それ以外の格では語尾にあるもの [6]（рукá, таврó）

2.2.　形容詞

　形容詞は長語尾形・短語尾形と二つの異なる形を持つが、それぞれの形におけるアクセントタイプが二つの記号で表される。その際「a/b」といった表記を用いるが、スラッシュの前が長語尾の、後ろが短語尾のアクセント位置である。Зализняк（2008）では双方の記号が一致する場合には一つが省略され、記号が一つだけ記される（a/a は a、a/a' は a'）。

　形容詞の変化タイプは名詞と同一であるが、八つのうち 1〜6 の六つが存在する（そのためここでは省略する）。アクセントタイプは、長語尾には a と b の二つ、短語尾には a, a', b, b', c, c', c'' の七つが存在する。

（4）　アクセントタイプ
　　長語尾
　　　a　常に語幹にあるもの（здорóвый）
　　　b　常に語尾にあるもの（живóй）
　　短語尾
　　　a　常に語幹にあるもの（удóбный）

a'　aのうち女性形において揺れが生じるもの（жестóкий）
　　b　　常に語尾にあるもの（голубóй）
　　b'　bのうち複数形において揺れが生じるもの（свéжий）
　　c　　女性形のみ語尾にあるもの（дорогóй）
　　c'　cのうち複数形において揺れが生じるもの（тúхий）
　　c''　cのうち中性形・複数形において揺れが生じるもの（ширóкий）

2.3. 代名詞など

　指示代名詞・人称代名詞・所有代名詞・否定代名詞などがある。Зализняк (2008) ではこれらを、人称代名詞や что 類など名詞として働く「мс（代名詞）」と形容詞的に働く「мс-п.（代名詞的形容詞）」とに分けている。そのうち мс-п. について変化タイプを分類しており、それは以下の通りである。

（5）　1a（△）　этот 系　　　　2*b（△）　весь 系
　　　 1b（△）　тот 系　　　　 4a　　　　 наш, ваш 系
　　　 1*b（△）　одúн 系　　　 6a　　　　 кой, никóй 系
　　　 1f（△）　сам 系　　　　 6b　　　　 мой, твой свой 系
　　　 2b（△）　сей 系　　　　 6*b　　　　чей, ничéй 系

　またこれらには含まれない、形容詞と同じ変化をするものもある（котóрый, кáждый）。

2.4. 数詞

　個数詞や集合数詞が含まれる。Зализняк (2008) では数詞の変化をタイプ別に分類せず個々についてそれぞれ変化形を記載している。

2.5. 動詞

　動詞のアクセントタイプも形容詞と同様に二つ表記されるが、それぞれ現在形（完了体の場合は未来形）と過去形のアクセント位置を示すものである

（現在形（未来形）／過去形）。その際過去形のアクセント位置が a タイプ（後述）の場合はスラッシュ以降が省かれる（a/a は a に、b/a は b に）。

動詞には 1〜16 の 16 の変化タイプがあり、アクセントタイプは現在形（未来形）には a, b, c, c' の四つの、過去形には a, b, c, c', c'' の五つのアクセントタイプが存在する。

（6）　変化タイプ：不定形の語尾→語形変化形の語尾

1　-ать/-ять/-еть → -аю, -ает/-яю, -яет/-ею, -еет (чита́ть, теря́ть, жале́ть)

2　-овать/-евать (ш 音[7]の後)/-евать (その他)
　　→ -ую, -ует/-ую, -ует/-юю, -юет (рисова́ть, жева́ть, клева́ть)

3　-нуть → -ну, -нет (тяну́ться)

4　-ить → -ю (ш 音の後では -у), -ит (е́здить)

5　-ать (-ять)/-еть → -ю (ш 音の後では -у), -ит (ви́деть)

6　-ать (-ять) → -ю (ш 音の後では -у), -ет (смея́ться)

7　-зти (-зть) → -зу, -зет (везти́)
　　-сти (-сть) → -су, -сет/-ду, -дет/-ту, -тет/-сту, -стет/-бу, -бет (вести́)

8　-чь → -гу, -жет/-ку, -чет (бере́чь)

9　-ереть → -ру, -рет (умере́ть)

10　-олоть/-ороть → -олю, -олет/-орю, -орет (коло́ть, боро́ться)

11　-ить → -ью, -ьет (шить)

12　-ыть/-уть/-ить → -ою, -оет/-ую, -ует/-ию, -иет (крыть, дуть, почи́ть)
　　(греть, петь, брить 及びそれらの派生語も含まれる)

13　-авать → -аю, -ает (дава́ть)

14　-ать (-ять) → -ну, -нет/-му, -мет/-иму, -имет (жать, мять)

15　-ть → -ну, -нет (оста́ться)

16　-ть → -ву, -вет (жить)

（7）　アクセントタイプ

　　現在形（未来形）

　　a　常に語幹にあるもの (де́лать)

b 常に語尾にあるもの（語尾がゼロ語尾, -ь, -й, -те, -ся の場合を除く）
（стоя́ть）
c １人称単数形では語尾に、その他では語幹にあるもの（писа́ть）
c' хоте́ть とその派生語（хоте́ться）

過去形

a 常に語幹にあるもの（де́лать(ся)）
b 常に語尾にあるもの（-ся を除く）（бере́чь(ся)）
（-ся 動詞の場合は -ся の前の最後の母音にアクセントが来る）
c 女性形のみ語尾に、その他は語幹にあるもの（сорва́ть）
（-ся の付いたものは c'' になる）
c' c のうち中性形において揺れが生じるもの（дать, взять とそれらの派生語）
c'' -ся 動詞について、b と c で揺れるもの（сорва́ться）
（男性形でも揺れが生じるが、そのうち -ся のものは基本的に現在では使われない）

3. データ

Андрю́шина（2013）に登場する 2396 語を品詞ごとに分類したのが以下の表である[8]。

表 1　品詞分け

総語数	2396	動詞	679
名詞	999	前置詞	30
代名詞	42	接続詞	17
数詞	41	助詞	17
形容詞（短語尾形）	322(20)	述語	8
副詞	205	熟語	8
比較級	24	挿入語	4

3.1. 名詞

名詞を文法性ごとに分類したそれぞれの語数は以下のようになった。

表 2 名詞

総語数	男性名詞	女性名詞	中性名詞	複数形
999	467	363	138	31

3.1.1. 男性名詞

Андрюшина (2013) に登場する男性名詞 467 のうち女性変化のもの七つと形容詞変化のもの三つを除いた 457 について、まず Зализняк (2008) によるタイプ別に分類し「語数」として集計し、更にそのうち格変化時に特定の特徴が現れるものを数え、右の列にまとめたのが表 3 である。語によっては特徴を1つも持たないものがあるため、それぞれの特徴の数字を全て足しても「語数」の数字になるわけではなく、また語によってはいくつかの特徴を重複して持っている場合もあるため複数の特徴に重複して集計されている語もある。

それぞれの記号が表す特徴を解説する。なお特に記述しない限り、以下の記号の意味は他の性の名詞や他の品詞にも同様に当てはまる。

（8）　мо (, жо, со)：活動体である。
　　＊：　出没母音が生じる。
　　　　（例）ска́зка, серьга́ → *Р. мн.* ска́зок, серёг
　　　　　　любо́вь, зверёк, бое́ц → *Р. ед.* любви́, зверька́, бойца́
　　°：　語幹において特殊な交替が生じる。
　　　　（例）крестья́нин, вре́мя → *И. мн.* крестья́не, времена́
　　①：　男性名詞における複数主格形（・複数対格形）の語尾が -а (-я) である。
　　　　（例）рука́в → *И. мн.* рукава́
　　②：　男性名詞における複数生格形がゼロ語尾である。

ロシア語学習語彙における語形変化の傾向　163

表3　男性名詞[9]

タイプ	語数	мо	*	°	①	②	—	ё	П₂	Р₂	◇
1a	233	54		4		1[3]	2		3	17	4
1b	15	3	7						5	1	7
1c	32	6		1	19	2	1	1	6[1]	3	13
1d	1										
1e	5		1						3		3
2a	24		2								13
2b	17	2	2								2
2c	1	1			1						
2e	3	2	1								
3a	55	18[10]	5				1		[1]	3	2
3b	16	6	5							1	2
3c	5	1			4				2	1	4
3e	2	2									
4a	4	1									
4b	12	2									
4c	1	1									
5a	9	6	8								
5b	8	4	8								
6a	8	1					1				
6c	2								1[1]	1	1
8b	1										
0[11]	1										
△	2	2									

　　（例）герц → *Р.мн.*герц

— ：単数形のみ用いられる名詞（singularia tantum）について、想定されうる複数形でアクセント位置が不明である。

　　（例）борьба́, еда́, родство́

ё： 語幹において母音交替 ё/e が生じる。

　　（例）счёт, жена́ → *И.мн.* сета́, жёны

П₂：第二前置格を持つ。

P₂：第二生格を持つ。
◇：慣用句などの語結合において不規則な形が現れる。
　（例）шут → ◇како́го шу́та；ну́ его̀ к шу́ту
　上記の表現で、本来あるべき位置からアクセントが移動することを意味する。また за́руку, не́был のようにアクセントが語間を移ることもある。
△：変化形全般に渡り不規則であることを表す。

Андрюшина (2013) では女性形変化をする男性名詞は七つあり、以下の通りであった。

表4　男性名詞(女性形変化)[12]

タイプ	語数	мо	*	②
жо1a	2	2		
жо1d	1	1		
жо2a	1	1		1
(жо)3a	2	2	1	
жо4a	1	1		1

記号が示す特徴は以下の通りである。なおこれ以降既出のものは解説せずに省略する。

（9）②：女性名詞（・女性形変化名詞）における複数生格（・対格）形の語尾が -ей である。
　（例）ко́рча → Р. мн. ко́рчей

Зализняк (2008) では、上述 (8, 9) といった特徴に当てはまらないその他の不規則な形が現れるものについては△を用いて表される。どの場合にどのような変化をするかが△を付与して個別に記載されているため、以下のように別途表にして示すことにする。

表5 △及び内訳

タイプ	語数	мн.	P. мн.	T. мн.	исх. форма нерегул.
1a	5	5			
1b	1				1
1c	1	1			
1d	1	1			
1e	1		1		
2e	1			1	
3c	1	1			
4c	1	1			
5a	1				1
△	2				
女性形変化					
2a	1	1			

「語数」は△の付与された語の数、他はそのうちそれぞれの形が不規則であることを表している。мн. は複数形全ての格が不規則であることを表す。なお個々の変化形の詳細は記述しない。

исх. форма нерегул. は ýгол, зáяц に当てはまり、単数主格形以外の全ての形に対して辞書形である単数主格形のみが不規則であることを示す。

タイプ△は Андрюшина (2013) に登場する語彙では ребёнок, челове́к が当てはまる。複数形が他の語 (де́ти, лю́ди) で代用されるからである。

また Андрюшина (2013) で形容詞変化をする男性名詞三つは以下の通りである。

表6 男性名詞(形容詞変化)

タイプ	語数	мо	*	×	〜	△кф
1b	1	1	1			1
3a	1	1		1	1	
4a	1	1				

△および内容も併せて表示した。なお用いられている新たな記号について

は、後述の 3.2. 形容詞を参照のこと。

3.1.1.1. 揺れについて

格変化時に揺れが生じる語があり、表3のように [　] の記号をもって表した。例えば表3において、男性名詞1cタイプのうち $П_2$ (第二前置格) が現れるのは計7語で表記は6 [1] となっているが、これは6語には常に第二前置格が現れ、もう1語、第二前置格と通常の前置格とで揺れが生じる語があることを意味する。

Андрюшина (2013) にはその他変化タイプやアクセントタイプについて揺れが生じる語として以下のものがあった。表では、より好まれる方の変化型 (揺れ1) を集計している。

(10) 語　　　　　揺れ1　　　　　　揺れ2

свитер　　　 1a　　　　　　　 1c ①

ректор　　　 1a　　　　　　　 1c ①

мост　　　　 1b　　　　　　　 1c, $П_2$(на)

хор　　　　　1c　　　　　　　 1a

ветер　　　　1*e, $П_2$(на)　　 1*a, $П_2$(на)

порт　　　　 1e, $П_2$(в)　　　 1c, $П_2$(в)

год　　　　　1e, $П_2$(в)　　　 1c ①, $П_2$(в) (複数生格形はどちらも лет (годов))

дядя　　　　 < жо, 2a ②　　　 2c (△ мн. дяд|ья, -ьёв, -ьям) >

уголь　　　　2*a　　　　　　　2*b △ исх. форма нерегул.

3.1.2. 女性名詞

Андрюшина (2013) に登場する女性名詞363のうち形容詞変化のもの三つを除いた360をЗализняк (2008) に基づきタイプ別に分類し、特徴ごとに集計した。

表 7　女性名詞

タイプ	語数	жо	*	—	②	ё	П₂	◇
1a	79	6						
1b	2			1				
1d	17	3	5	3		5		2
1d'	5							4
1f'	5							3
2a	7	1	5		[1]			
2d'	1		1					1
2e	1		1					
3a	98	24	78					
3d'	1							1
3f'	4		1			1		4
4a	8							
4b	1	1						
4d'	1							1
5a	19	8						1
5d	1	1	1					
6a	3							
6b	1		1					
6d	1		1					
7a	56							
8a	28							1
8b'	1		1					
8e	19	3					3	3
8f''	1							

　なお表 8 (次ページ) におけるタイプ 8e のうち мать, дочь の変化形は全体的に特殊であるため「語数」の部分にのみ集計した。

　また Андрюшина (2013) に登場する形容詞変化の女性名詞三つはすべてタイプ 1a (不規則な要素なし) であった。

3.1.2.1.　揺れについて

　表 7 の [ ] で表記されたもの以外の揺れは以下の通りである。男性名

表 8 △及び内訳

タイプ	語数	мн.	Р. мн.	Д. мн.	Т. мн.	П. мн.
1d	3		3			
2a	1		1			
2d'	1		1			
2e	1		1			
4b	1		1			
5a	1	1				
5d	1		1			
6d	1		1			
8e	5			1	3	1

詞と同様に、より好まれる方の変化型である揺れ 1 を集計した。

(11) 語　　　　揺れ 1　　　　　　　　　揺れ 2

среда́　　　1f'　　　　　　　　　1d'

река́　　　3d'　　　　　　　　　3d

доска́　　　3*f'　　　　　　　　3*d

щека́　　　3f'　　　　　　　　　3f, ё

ку́рица　мн. ку́ры, кур, ку́рам　　ку́рицы, ку́риц, ку́рицам

це́рковь　мн. церквｌам, -а́ми, -а́х　-я́м, -я́ми, -я́х

дверь　　Т. мн. дверя́ми　　　　дверьми́

ло́шадь　Т. мн. лошадьми́　　　лошадя́ми

3.1.2.2. その他

мечта́ の複数生格形は мечта́ний で代用される。Зализняк (2008) ではこの類のものを、「形成が困難である」という意味で記号 <<затрудн.>> を付与して表している。

3.1.3. 中性名詞

Андрюшина (2013) に登場する中性名詞 138 のうち形容詞変化のもの四つ

を除いた 134 の名詞を Зализняк (2008) に基づきタイプ別に分類し、特徴ごとに集計した。

表9　中性名詞

タイプ	語数	*	°	①	②	—	ё	◇
1a	31	1				3		1
1b	3					3		
1c	10	1				1		1
1d	5	3						
2a	1					1		
2c	2							2
3a	1			1				
3c	1				1			
3d	1			1		1		
3e	1							1
4a	1							
4f	1				1			1
5a	2	1						
5c	1	1						1
5d	3	2						
6a	6	6			1			
7a	52							
8c	2		2				2	
0	10							

新たな記号の解説は以下の通りである。

(12)　①：中性名詞における複数主格形（・複数対格形）の語尾が -и (-ы) である。

　　　（例) я́блоко → *И. мн.* я́блоки

　　②：中性名詞における複数生格形（・複数対格形）の語尾が -ов, -ёв, -ев である。

　　　（例) о́блако → *Р. мн.* облако́в　　жнивьё → *Р. мн.* жни́вьев

表 10 △及び内訳

タイプ	語数	мн.	Р. мн.
1a	3	2	
1c	3	2	1
3e	1	1	
4f	1		1
5d	2		2

タイプ 1a に含まれる語 ýтро は特定の場合に以下のようなアクセント移動が生じる。

(13)　с утрá; до утрá, от утрáдо утрá; к утрý // к ýтру; по утрáм; утрáми (*в утреннее время*)

また Андрюшина (2013) に登場する形容詞変化の中性名詞四つの分類は、タイプ 1a のものが三つ（うち活動体が 1 つ）、タイプ 4a のものが一つであった。

3.1.4. 複数形が見出し語の名詞

Андрюшина (2013) では名詞の複数形が見出し語として 31 掲載されている。単数形も用いられるものと普通は単数形が用いられないものがあるが、Зализняк (2008) での扱いに準じ、後者についても想定されうる単数形の変化を分類した（表 11）。

新たな記号の解説は以下の通りである。

(14)　§3：形態論的に単数形が存在しない。

変化タイプ「その他」の 2 語は дéти, лю́ди を指し、変化形をそれぞれ ребёнок/дитя́, человéк に依存するため別タイプである。

表 11　複数形が見出し語の名詞

性由来	タイプ	語数	м(ж/с)о	*	②	§3	◇	△P.
м	1a	5						
	1b	2						
	2a	1	1					
	3a	2		1	1			
	3b	5		4	1[1]			
	4b	1					1	
	4e	1						
ж	1a	2						
	1e	1					1	
	2a	1		1				
	3a	5		4				
	3e	1		1				1
	4a	1						
с	1a	1	1			1		
	その他	2						

3.2. 形容詞

Андрюшина (2013) に登場する形容詞 322 のうち短語尾形が見出し語のもの 20 とその他 2 つ[13] を除いた 300 を Зализняк (2008) に基づきタイプ別に分類し、特徴ごとに集計した（Зализняк 2008 では a/a は a、a/a' は a' のように表示）。なお表が横に長いため分割した（表 12、次ページ）。

新たな記号の解説は以下の通りである。

(15) 　числ.-п：順序数詞。

　　 мс-п：代名詞的形容詞[14]。

　　 ＊：短語尾男性形で出没母音が生じる。

　　　　（例）кра́ткий → *кф. м* кра́ток

　　 ①：-нный, -нний の形容詞について、短語尾男性形が -ный, -ний を除いたものになる。

　　　　（例）самоуве́ренный → *кф. м* самоуве́рен

表12 形容詞 [「タイプ」のアルファベットは長語尾におけるアクセント位置を示し、短語尾は右列に記す。]

タイプ	語数	/a	/a'	/b	/b'	/c	/c'	/c''
1a	170	107	6	6		8	37	6
1b	24			18		2	4	
2a	18	17				1		
3a	66	45	2	1		3	11	4
3b	8			4		2	2	
4a	12	8		2	1	1		
4b	2			2				

		числ.-п	мс-п	*	①	—	ё	⊠	×	～	§7	§10	◇
1a	170	5		117	1[7]		10			1	1	2	3
1b	24	4	2	3					9				
2a	18			16		15							
3a	66			14			2		44	45			1
3b	8		1					3		3			
4a	12								5				
4b	2								1				

―：短語尾男性形が曖昧である。

 a) 子音 + ний の形容詞（例：весéнний）で、短語尾男性形が -енен か -еннь か曖昧である。

 b) 名詞由来の -енный の形容詞（例：пéсенный）で、短語尾男性形が -енен か -ен か曖昧である。

⊠：短語尾男性形が存在せず、その他の短語尾も形成が困難である。

×：短語尾形の形成が困難である。

～：比較級がない。

§7：形動詞と同形になるのを避けるために短語尾形が存在しない。

§10：動詞の過去形と同形になるのを避けるために短語尾形が存在しない。

表 13 △及び内訳

タイプ	語数	*кф*	*срав.*
1a	22	14	8
1b	4	3	2
2a	1		1
3a	15	3	15
3b	2	2	1
4a	1		1
4b	1	1	1

　右の列では、短語尾形のいずれかの形及び比較級が特殊な形である語の数を表す。

3.2.1. 揺れについて

　Андрюшина (2013) の形容詞における表 12 の [　] 以外の揺れは以下の通りである。

(16) 　語　　　　　　揺れ 1　　　　揺れ 2
　　　о́стрый　　　 1*a/c''　　　　1a/c''
　　　　　　　　　 кф м остёр　 остр
　　　взро́слый　　1*a'　　　　　 1a'

3.2.2. その他

　Андрюшина (2013) に登場する形容詞の中で、形成が困難である <<затрудн.>> が付与された語には以下のようなものがある。

(17)　短語尾形(括弧内の語形が <<затрудн.>> である)：
　　　ле́вый (ж), пра́вый (ж), взро́слый (м/ж), ю́жный (ж), гла́вный (ж)
　　　比較級：жесто́кий

　また音韻論・形態論的にその形が存在しないという意味で <<нет>>[15] の記

号が付与されるものがあり、Андрюшина (2013) の語では ве́рхний の短語尾男性形が当てはまる。

3.3. 代名詞など

　Андрюшина (2013) に登場する代名詞 42 語のうち、Зализняк (2008) によると、мс (代名詞) が 16 語、мс-п. (代名詞的形容詞) が 26 語と分類できる。順序数詞 тре́тий も代名詞変化に分類されており、変化タイプは 6*a で кой, никой と同タイプである (本論では他の順序数詞と共に тре́тий を形容詞に分類)。

　Зализняк (2008) では мс-п. の語には変化タイプが示されているが、мс の語はタイプで分類されておらず見出し語ごとに個別に変化形が記載されているため、мс の語は表にしない。

　Андрюшина (2013) での мс の語のうちいくつかの語の造格形において揺れが生じる。

(18)　語　　　揺れ 1　　　揺れ 2
　　　я　　　*T.* мно́й　　мно́ю
　　　ты　　 *T.* тобо́й　 тобо́ю
　　　она́　　*T.* е́ю　　　ей
　　　себя́　 *T.* собо́й　 собо́ю

　Андрюшина (2013) に登場する мс-п. の語の変化タイプを分類すると、表 14 のようになる。

　新たな記号の解説は以下の通りである。

(19)　§12：前置詞が形態素間に置かれる。
　　　　　(例) никако́й → ни от како́го, ни к како́му

　表 14 の △ に該当する語は э́тот, тот, сам, весь であるが、これらは多くの格

表14　мс-п.

タイプ	語数	*	мо	§12	△
0	3				
1a	1				1
1b	1				1
1f	1				1
2b	1	1			1
4a	2				
6b	7	4	1	1	
形容詞変化					
п1a	3				
п1b	1				
п3b	5			1	
その他[16]	1				

で不規則な形を取り、性によっても形が変化する。

3.4. 数詞

　Зализняк (2008) では数詞の変化型は分類されていないため省略する。しかし Андрюшина (2013) の語について注記すべき点がいくつかあり、まず ноль は数詞に含まれず、男性名詞に分類される。один は数詞に含まれているが、その変化型は代名詞として説明されている。тысяча は辞書によっては名詞としても扱われることがあり、Зализняк (2008) でも両方の記載があるが、本論では数詞に含めることとした。

　また代名詞同様、Андрюшина (2013) に登場するいくつかの数詞の造格形に揺れが生じる。

(20)　語　　　　　　　揺れ 1　　　　　　　揺れ 2

вóсемь　　　　　T. восемью́　　　　восьмью́

вóсемьдесят　　T. восьмью́десятью　восьмью́десятью

восемьсóт　　　T. восьмью́ста́ми　　восьмью́ста́ми

以下の数詞については、語結合によってアクセントが移動する例がある（✧）。

(21)　два, двóе, трóе, пять, шесть, семь, вóсемь, дéвять, дéсять, сóрок, сто

3.5. 動詞

Зализняк (2008) では動詞について、それぞれ対応する体のペアの動詞についての記載がある（完了体であれば対応する不完了体動詞が何でありどのようパターンで形成されるか、といったもの）。凡例 (1) の◐より右側の部分がそれである。しかし、Андрюшина (2013) に記載されているペアと Зализняк (2008) に記載されているペアが違う場合があり、どの不完了体動詞と完了体動詞がペアであるかは厳密に定まっておらず曖昧であることがしばしばあるため省略することとし、集計からも省いた。

Андрюшина (2013) に登場する動詞 679 のうち 678[17] を Зализняк (2008) に基づきタイプ別に分類し特徴ごとに集計したのが表 15 (p.178, 179) である。

表 15 における新たな記号の解説は以下の通りである。

(22)　нп：自動詞 [18]。

безл.：無人称動詞。

*：出没母音 о が存在する。以下のような接頭辞に生じる。

（例）в-/во-. над-/надо-. с-/со-. вз-(вс-)/взо-, из-(ис-)/изо-, раз-(рас-)/разо-

゜：交替を伴う不規則な変化型。

（例）タイプ 3 の場合：засóхнуть → *прош.* засóх, засóхла; *прич. прош.*

засо́хший

タイプ6の場合：coса́ть → *буд.* сосу́, сосёт

①：過去形(女性形以外)と被動形動詞過去・短語尾形(女性形以外)でアクセントが一音節左に移動する。タイプ9の動詞は能動形動詞過去・副動詞過去でも同様になる。

(例)заня́ть → *прош.* за́нял, заняла́, за́няло, за́няли; *прич. страд.* за́нятый, *кф* за́нят, занята́, за́нято, за́няты; *прич. прош.* заня́вший, *деепр. прош.* заня́в (ши)

④：能動形動詞現在でアクセントが一音節左に移動する。

(例)люби́ть → *прич. наст.* лю́бящий

⑤, ⑥：タイプ3°動詞について、⑤は過去男性形で接尾辞 -ну- が消えずに残り、⑥は副動詞過去形・能動形動詞過去形で接尾辞 -ну- が消えずに残る。

(例)во́лгнуть → *прош.* во́лгнул, во́лгла; *прич. прош.* во́лгнувший, *деепр. прош.* во́лгнув (ши)

⑦：被動形動詞過去で、-нный の直前の母音にアクセントが現れる。

(例)раздели́ть → *прич. страд.* разделённый

⑨：完了体動詞の副動詞過去が -я (-a) になる。

(例)привезти́ → *деепр. прош.* привезя́

ё, o：過去形・副動詞過去・能動形動詞過去・被動形動詞過去のいずれかにおいて、語幹の中の最後の e (タイプ9動詞 -ереть の場合は最後から2番目の e) にアクセントが来ると ё に変わる。

(例)нести́ → *прош.* м нёс; *прич.прош.* нёсший; *деепр. прош.* нёсший

タイプ7, 8動詞の能動形動詞過去・副動詞過去では母音交替が起こらないことが多い。

(例)зацвести́ св нп 7b/b (-т-), ё (*но прич. прош.* зацве́тший)

o の記号が振られるのは -цевать 動詞(タイプ2)であり、被動形動詞過去において -цованный の形をとることを表す。

(例)перелицева́ть → *прич. страд.* перелицо́ванный

表 15 動詞［「タイプ」のアルファベットは現在形（未来形）のアクセント位置を示し、過去形は右列に記す。］

タイプ	語数	/a	/b	/c	/c'	/c''	нп	безл.	◇	*	°
1a	230	230					54	1	1		
2a	43	43					8				
2b	1	1									
3a	5	5					5				3
3b	5	5					1				
4a	68	68					6				
4b	38	37				1	4				
4c	88	88					16	1			
5a	6	6					1				
5b	25	24		1			24				
5c	5	5					1				
5c'	3	3						1			
6a	6	6					1				2
6b	14	4		9		1					5
6c	16	16									
7a	2	2					2				
7b	21	2	19				2				
8a	1		1				1				
8b	3		3								
8c	3		3				3				
9b	1			1			1				
10c	1	1									
11a	1	1									
11b	6	5		1					2	1	
12a	10	10									
12b	2	2									
13b	14	14					3				
14b	5		1	3	1						
14c	5			4		1			1		
15a	9	9					5				
16b	3			3			2		1		
△a	12	11		1			9		1		
△b	26	4	14	6	1	1	14		1		

		ё, о	☒	×	①	④	⑤	⑥	⑦	⑨	§14	§16	§18
1a	230	1	4	1							1		
2a	43												
2b	1												
3a	5						[1]	[1]					
3b	5		1										
4a	68											[2]	
4b	38												
4c	88					5[6]			7				
5a	6												
5b	25	1											
5c	5				1								
5c'	3		2										
6a	6												
6b	14			3									
6c	16												
7a	2												1
7b	21	17	1							13			
8a	1	1											1
8b	3	3											
8c	3												
9b	1				1								
10c	1												
11a	1												
11b	6												
12a	10												
12b	2												
13b	14												
14b	5				3								
14c	5				1[2]								
15a	9												
16b	3				[1]								
△a	12		2							1			7
△b	26				[5]								2

⊠：被動形動詞現在が存在しない。

×：被動形動詞現在の形成が困難である。

§14：変化タイプ1と6とで揺れが生じるが、タイプ1の方が好まれ、特に命令形・副動詞現在ではタイプ6の変化型は現在では用いられない。

§16：ми́нуть, ме́рить 及び派生動詞に付与される記号である。例えば мучи́ть4a は現在形・命令形・副動詞現在・被動形動詞現在において揺れが生じ、*муча́ть1a の変化もしうる。

инф. мучи́ть; наст. му́чу, -ишь, -ит, -им, -ите, -ат [// му́чаю, -ешь, -ет, -ем, -ете, -ют]; повел. мучь // му́чай; деепр. наст. му́ча // му́чая; прич. страд. наст. му́чимый // му́чаемый; прош. му́чил, -а; прич. прош. му́чивший

§18：命令形には不完了体動詞由来のものも用いることができる。

（例）сесть → повел. сади́сь, ся́дь

しかし併せて <<повел. нет>> の記述がある場合は完了体動詞からなる命令形がなく、不完了体のもののみである。

（例）зае́хать (повел. нет) → повел. заезжа́й, *зае́дь

表16は、表15の「語数」のうちそれぞれの形に特殊な形が出現する語数を表している。

3.5.1. 揺れ

上述の §14, 16, 18 は揺れに関する記述であるが、Андрюшина (2013) に登場する語の中ではそれぞれ以下の語が該当する。

(23) §14：дви́гаться (1a//6a)

§16：ме́рить (4a [наст. Также ме́ряю, -ет,]), поме́рить (4a [буд. Также поме́ряю, -ет])

§18 (うち <<повел. нет>> のものには☆を付与)：

☆ вы́ехать, ☆ дое́хать, ☆ подъе́хать, ☆ прие́хать, ☆ уе́хать,

表16　△及び内訳

タイプ	語数	наст.(буд.)	прош.	прич. прош.	повел.	деепр.	прич. наст.	прич. страд.
5a	2							2
5b	6	3			3	3	1	
5c'	3	3						
6a	2	2			2			
6b	10	10						
7a	2	1	1	1	1			
7b	1		1	1				
8a	1	1			1			
9b	1			1				
12a	2	2						
12b	2	2						
14b	1		1					
△a	12	12	12	1	3	2		1
△b	16	26	26	20	11	1	1	14

☆ переéхать, ☆ проéхать, зайти́, прийти́, сесть, лечь

また поéхать, éхать は《повел. нет》であり命令形は共に поезжáй であるが、否定詞 не と用いると共に не éзди となる。

他には、タイプ c" の過去形アクセント位置を持つ роди́ться (св) と подня́ться について、どちらも男性形で揺れを許す (роди́лся, подня́лся // подня́лся[19])。

3.5.2. 特殊な子音交替

動詞によっては人称変化時に、(6)の変化タイプには記載されていない、以下の特殊な子音交替が現れるものがある。Андрюшина (2013) の語彙のうち該当するもの全てを、併せて記述する。

(24)　タイプ 4, 5, 6：т が щ に代わる。

запрети́ть, защити́ть, обрати́ть, обрати́ться, посети́ть
タイプ 14：括弧内のような特殊な子音が現れる。
взять (возьм-), заня́ть (займ-), поня́ть (пойм-), приня́ть (прим-), подня́ть, подня́ться (подним-//полым-)

また Андрюшина (2013) のうち以下の動詞は被動形動詞過去において子音 -жд- が現れる。

（25）　освободи́ть, победи́ть, убеди́ть, обсуди́ть

3.5.3. 例外的に存在する被動形動詞

被動形動詞は現在・過去どちらも通常は他動詞から形成される。しかし自動詞でも被動形動詞を形成するものがあり、Андрюшина (2013) の語の中では以下のものが当てはまる。

（26）　被動形動詞過去：дости́гнуть (дости́гнутый)
　　　　被動形動詞現在：руководи́ть (руководи́мый)
　　　　受動態：достига́ть (достига́емый)[20]

3.5.4. その他

Андрюшина (2013) の語の中で、特定の形で《затрудн.》が付与される語は以下の通りである。

（27）　一人称単数形：победи́ть, убеди́ть
　　　　命令形：слы́шать, ви́деть, состоя́ть
　　　　副動詞現在：е́хать, спать, ждать, писа́ть, есть (едя́)

また Андрюшина (2013) の語で、特定の形で《нет》が付与される語は以下の通りである。なお命令形については既に上述のため省略する。

（28） 副動詞現在：бежа́ть
　　　 能動形動詞現在：быть
　　　 被動形動詞現在：петь
　　　 受動態[21]：знать, име́ть, зна́чить, сто́ить

4. 考察

以上の分類及び集計を踏まえ、それぞれの品詞について学習者がいかなる順序で変化型を学習してゆくべきか、またどの特殊変化に注意しつつ学習すべきかを考える。その際、堤(2002, 2004)を参考にする。

4.1. 名詞

表3、7、9からそれぞれの性における変化タイプの語数上位5つを抜き出すと、以下のようになった（必要に応じてそれぞれ堤2004で用いられている記号も振った）。また併せて堤(2004)における集計表から上位のものを抜き出し表にまとめた。

表17　名詞：上位の変化タイプ

男性名詞	語数	女性名詞	語数	中性名詞	語数
1a (m1–1)	233	3a (f1–5)	98	7a (n2–4)	52
3a (m1–6)	55	1a (f1–1)	79	1a (n1–1)	31
1c (m1–7)	32	7a (f2–3)	56	1c	10
2a	24	8a (f3–1)	28	0	10
2b	17	5a	19	6a	6
		8e	19		

表 18　名詞：上位の変化タイプ（堤 2004 より）

男性名詞	語数	女性名詞	語数	中性名詞	語数
m1–1	42	f1–1	27	n1–1	16
m1–6	14	f1–5	15	n2–4	13
m1–7	12	f3–1	10		
		f2–3	6		

　堤 (2004) と比べてみると、いくつか順位が入れ替わっているものがあることが分かる。男性名詞の上位の順位は全く同様であるが、女性名詞では 3a (f1–5) と 1a (f1–1)、7a (f2–3) と 8a (f3–1) がそれぞれ、また中性名詞では 7a (n2–4) と 1a (n1–1) の順位が入れ替わっている。特に女性名詞 3a (f1–5)・1a (f1–1) に関しては、堤 (2004) ではそれぞれ 27 語・15 語とある程度差があるにも関わらず、ここでは逆転し更に差が開いている。

(29)「a.　男性名詞・女性名詞・中性名詞における硬変化の基本的タイプ
　　　b.　男性名詞・女性名詞の (г/к/х により)「正書法の規則」が関わるタイプ
　　　c.　中性名詞 ие と女性名詞 ия のタイプ
　　　d.　男性名詞の複数形が -á となるタイプ
　　　e.　女性名詞の ь で終わるタイプ　　　　」

(堤 2004, pp.62–63［本書 152 頁］)

　しかし、(29) は堤 (2004) での学習における優先順位であるが、この順位は変わらないであろう。女性・中性名詞において基本的な硬変化名詞 (f1–1, n1–1) の順位が一つ落ちようとも、これらは基本形であり最も重要であることは変わらないからだ。ただし女性・中性名詞で順位が上がった -ия, -ие のタイプのものは、優先順位は変わらないとしても Андрюшина (2013) に登場する語彙の範囲内ではより重要であると言うことができる。

　その他の特殊な変化についてはまちまちで、どうしても個別に覚えなくてはならないが、いくつか傾向を見ることができる。

男性名詞では、まず＊（出没母音が現れるもの）がタイプ5のうち全ての -ец の語（と заяц）に付与されていることから、-ец の男性名詞は出没母音に注意して覚えるべきと言える。また他には、多くの 1c, 3c 名詞が①（複数主格（・対格）形が -a(-я) であるもの）であることがわかる。これらの名詞群には初級で扱う語が多く含まれているため、特に初級において注意して学習すべきものであると言える。特にタイプ 1c 名詞には他にも $П_2$ や P_2 など多くの特殊形が現れることから、男性名詞の中で最も特殊形に注意すべき名詞群であると言うことができる。

女性名詞で目を引くのはタイプ 3a 名詞の ＊ の多さである。語幹アクセントで子音＋ка のものには例外なく出没母音が現れると言える。他にも ＊ は 1d, 2a といったタイプに多い。

中性名詞においては、＊ がタイプ 1d, 5, 6 のものに多い。格の中でも終盤に学習する複数生格形において特に注意すべき点である。

Андрюшина(2013)で複数形が見出し語の名詞は、男性名詞由来のものと女性名詞由来のものが同程度に存在するため特に複数生格形がどちらの形であるかに注意して覚えなければならない。

4.2. 形容詞

表12 から、形容詞の変化タイプで語数の多い上位のものをまとめると以下のようになる。なお右には堤(2002)における同様の順位をまとめ、更に

表19　形容詞：上位のタイプ［「タイプ」のアルファベットは長語尾形のアクセント位置を示す。］

タイプ	語数	堤(2002)におけるタイプ	語数
1a（硬変化）	170	硬変化	40
3a（混合変化 г/к/х）	66	混合変化 г/к/х	10
1b（硬変化・語尾アクセント）	24	硬変化・語尾アクセント	9
2a（軟変化）	18	混合変化 ж/ч/ш/щ	7
4a（混合変化 ж/ч/ш/щ）	12	混合変化・語尾アクセント	7
3b, 4b（混合変化・語尾アクセント）	10	軟変化	2

比較のため、左の列の括弧内にも堤(2002)での表記を併記した。

特筆すべきは軟変化形容詞の増加であるが、優先順位は以下のままで良いと思われる。

(30)「a.　硬変化型および硬変化型・語尾アクセント型
　　 b.　混合変化・語幹末尾 г/к/х 型および混合編か・語尾アクセント型
　　 c.　混合変化・語幹末尾 ж/ч/ш/щ 型
　　 d.　軟変化型　　　　　　」　　　（堤 2002, p.165［本書 132 頁］）

　形容詞における特殊形は、特に短語尾形・比較級について注意すべきである。―(短語尾男性形が定まらないもの)が特にタイプ 2a に多く、また短語尾形がはっきりと定まるものでも全般的に出没母音が現れるものが非常に多い。形容詞の中でも後半に学習すべき軟変化型とともに短語尾を、更に短語尾形の特殊形も習得すると効率が良い。×(短語尾形の形成が困難であるもの)はタイプ 3a のものに非常に多が、3a タイプには名詞を基に形成される形容詞(関係形容詞)が多いため、意味の面から理解しやすく、それほど注意すべきものではないだろう。3a は×以外にも特殊な形が現れやすい。

4.3.　代名詞など、数詞

　代名詞・数詞はある程度パターン化された変化をするため、一度にまとめて学習すべきであろう。特に代名詞の一部は形容詞に類似した変化をするため、形容詞と共に学習すれば習得が容易になる。

4.4.　動詞

　動詞については表 15 から、以下の表が作られる。

ロシア語学習語彙における語形変化の傾向　187

表 20　動詞：上位のタイプ（変化タイプ＋現在形（未来形）のアクセントタイプ）

タイプ	語数
1a	230
4c	88
4a	68
2a	43
4b	38
△b	26
5b	25
7b	21

表 21　動詞：変化タイプの順位（上位）

タイプ	語数
1	230
4	194
2	44
5	39
△	38
6	36
7	23
13	14

表 22　動詞：アクセントタイプの順位

現在形	語数	過去形	語数
a	393	/a	602
b	164	/b	41
c	118	/c	29
c'	3	/c'	2
		/c''	4

　動詞は正書法・歯音変化・唇音変化やアクセント位置について分類の仕方が堤（2002）と異なるため単純な比較はできない。しかしタイプ 1, 4, 5 動詞の数が総じて多いことから、第一変化・第二変化の基本変化、第二変化現在形における正書法の規則のもの、歯音・唇音変化のものは以下の堤（2002）における優先順位と同様に重要であることが分かる。

(31)「a.　第一変化・第二変化の（現在形・過去形の）基本変化
　　　b.　第二変化現在形における「正書法の規則」適用
　　　c.　現在形の移動アクセント
　　　d.　第一変化現在形の語尾アクセントの場合の語尾

e.　第二変化現在形の歯音変化
　　　f.　過去形の語尾アクセント・移動アクセント
　　　g.　第二変化現在形の唇音変化　　　」

（堤 2002, p.158［本書 125 頁］）

　変化タイプに関しては、他に -овать 動詞、完全に不規則な動詞、第一変化のうち母音が消えるもの、子音交替が起こるものの順に重要であると言える。

　アクセントタイプは、特に過去形においては語幹アクセントが大半を占めているためまず学習し、語尾アクセントは特定の変化タイプ（特にタイプ 7, 8）の動詞に多く現れるということを理解しておくべきである。現在形のアクセント位置は語幹アクセントが多いが、語尾アクセント・移動アクセントの数も決して少なくないため、特に第二変化動詞を学習する際にはアクセントがどこにあるのかをしっかり確認する必要がある。

　動詞のその他の特殊な形についてはあまり特徴的な傾向が見られない。ただし Андрюшина（2013）の 679 語にだけでも、同じ語に由来する派生語（вести́ に対して перевести́, произвести́ といったもの）が数多く含まれていることから、こうした派生語を多く持つ動詞を覚えることが非常に重要であると言える。これらの語は不規則な変化をすることが多いため、より注意深く学習すべきである。

5.　まとめ

　堤（2002, 2004）の 600 語から Андрюшина（2013）の 2396 語と語数が増えても、タイプ別語数の特に上位のものの傾向は堤（2002, 2004）とさほど変わらない結果が得られた。このことから、頻繁に用いられる変化型を習得するためには、それほど多くの語彙数は必要ないと言うことができ、「600 語であってもかなりの語形変化は学習することができるとも言えよう（堤 2002, p.165［本書 132 頁］）」の裏付けとなる。

特殊な形について今回細かく書き出し集計したが、Андрюшина (2013) に登場した 2396 語に、Зализняк (2008) で用いられるもののうち大半の略語・記号・要素が出現していた。このことから ТРКИ 第 1 レベル程度の語彙 2396 語で、細かい特殊な変化についても大半を網羅できるということが分かる。語数が増える第 2 レベル（習得語彙数約 6000 語）になってもおそらく、新たに学習すべき不規則・特殊形変化はそれほど増えず、一方で専門用語など比較的新しく作られた語が増えるため、規則的な変化を持つ語が増えると予想される。

　よって、まず頻繁に用いられる変化型全てを語彙の少ない初級の段階で学習してしまい、変化型を定着させるためにも実際にそれらの語を用いて学習してゆく。それと同時に新たに語彙を増やしつつ細かい不規則な変化をさらってゆくことで、不規則な変化についてもその傾向を自ずと感覚的に掴めるようになる。そして第 1 レベルに達する頃には語彙・必要な不規則変化がある程度自在に操れるようになっている、というのが理想的な学習方法ではないだろうか。

6. 付録

　略語（Андрюшина2013 に登場する語彙に用いられていないものは省略した。）

1 ед. – 一人称単数
1 мн. – 一人称複数
2 ед. – 二人称単数
2 мн. – 二人称複数
3 ед. – 三人称単数
3 мн. – 三人称複数
безл. – 無人称動詞
буд. – 未来形

в т. ч. – を含め（в том числе）
В. – 対格
Д. – 与格
деепр. – 副動詞現在
ед. – 単数形
ж – 女性形、女性名詞
женск. – 女性を指す名称
жо – 女性名詞活動体

затрудн. – 形成が困難である
знач. – 意味
И. – 主格
исх. – 辞書形
косв. – 斜格形（単数主格以外の形）
кф – 短語尾
кф ж – 短語尾女性形
кф м – 短語尾男性形
кф мн. – 短語尾複数形
кф с – 短語尾中性形
м – 男性形、男性名詞
межд. – 間投詞
мн. – 複数形
мо – 男性名詞活動体
мо-жо – 双性名詞活動体
мс – 代名詞・代名詞的変化
мс-п – 代名詞的形容詞
н – 副詞
нар. –поэт – 民話民衆詩的発話
наст. – 現在形
наст. (буд.) – 現在形（不完了体）・未来形（完了体）
неод. – 不活動体
нерегул. – 不規則である
нп – 自動詞
нсв – 不完了体
одуш. – 活動体
п – 形容詞
П. – 前置格

П₂ – 第二前置格
перен. – 転義
повел. – 命令形
поэтич. – 詩的発話
предик. – 述語
предл. – 前置詞
прич. – 形動詞
прич. наст. – 能動形動詞現在
прич. прош. – 能動形動詞過去
прич. страд. – 被動形動詞過去
прич. страд. наст. – 被動形動詞現在
простореч. – 俗語
проф. – 専門的発話
прош. – 過去形
прош. ж. – 過去女性形
прош. м. – 過去男性形
прош. мн. – 過去複数形
прош. с. – 過去中性形
пф – 長語尾
Р. – 生格
Р₂ – 第二生格
с – 中性形、中性名詞
св – 完了体
св-нсв – 双体
склон. – （動詞以外の）変化、曲用
см. – 参照
со – 中性名詞活動体
спряж. – （動詞の）変化、活用
сравн. – 比較級

страд. – 受動態
сущ. – 名詞
Т. – 造格
устар. – 廃れてかけているもの

устаревш. – 廃れたもの
част. – 助詞
числ. – 数詞
числ. -п – 順序数詞

注

1 堤（2002, 2004）はともに本書に再録している。
2 以下のような集計方法による語数である。1. 同じ見出し語として掲載されているものの明らかに異なる語（例：его́/её, зонт/зо́нтик）はそれぞれ個別に集計した。2. 性数による違いのもの（例：он/она́/оно́/они́）は同一として集計した。3. 動詞に関して、見出し語にはなっていないが見出し語の動詞の体のペアとして掲載されている語（例：включи́ть は見出し語になっていないが、見出し語 включа́ть と共に掲載されている）も集計した。
3 Зализняк（2008）に掲載されていない2語（Интерне́т, фле́шка）は Викисловарь のサイトに掲載されている記述を参照した。
4 派生系 b' もあり、単数造格形でアクセントが語幹にある点が異なる。（例：вошь）
5 派生系 d' もあり、単数対格形でアクセントが語幹にある点が異なる。（例：спина́）
6 派生系 f' と f'' もあり、f' は単数対格形でアクセントが語幹にあり（例：рука́）、f'' は単数造格形でアクセントが語幹にある（例：грудь）点がそれぞれ異なる。なお f'' は е との揺れが生じる際にのみ用いられる。
7 ж, ч, ш, щ といった音。
8 複数の異なる品詞に分類できる語（例：поня́тно（副詞／挿入語），вокру́г（前置詞／副詞））に関しては、まず Андрюшина（2013）に掲載されている意味における品詞とし、それでも定まらないものは Зализняк（2008）及び Ожегов（2012）を参照し最も適当と思われる品詞に分類した。
9 *устар., устаревш., нар. -поэт., простореч., проф.* といった略語にともなう変化形は省略した。
10 спу́тник には活動体・不活動体の揺れがあるが、ここでは不活動体として集計した。
11 タイプ0は無変化名詞である。この1語 ко́фе は男性名詞と中性名詞とで揺れるが、ここでは男性名詞に分類した。

12　коллéга は本来双性名詞であるが、ここでは男性名詞に含めた。なおタイプは жо の付かない「3a」である。
13　一つは変化型が代名詞変化に含まれるとされている трéтий、一つは рýсско-англи́йский（рýсско-испáнский, рýсско-китáйский, рýсско-немéцкий, рýсско-францýзский）である。
14　Зализняк（2008）によると остальнóй, любóй, другóй の 3 語は形容詞ではなく мс-п.（代名詞的形容詞）に分類される。しかし Андрюшина（2013）に掲載された意味を鑑み、ここでは形容詞に分類した。
15　実際は ≪затрудн.≫ と ≪нет≫ の間に明確な区別はつけがたいとされている（Зализняк 2008, p.9）。
16　какóв は形容詞短語尾形と同じ変化（人称変化）をする。
17　連辞の есть は Зализняк（2008）では предик.（述語）となっているが、本論では動詞として扱った。この語は変化をしないために集計から省いた。
18　正確には「あらゆる意味において自動詞」であり、複数の異なる意味の中に他動詞的な意味を持つ語にはこの記号は付与されない。
19　роди́лся はどちらも同程度に許されるが、подня́лся//поднялся́ は前者の方が好まれる。
20　Викисловарь 及び Сазонова（1989）によると被動形動詞の現在はあるが過去はない。しかし Зализняк（2008）における「受動態あり（имеется страд.）」はおそらく過去・現在どちらもあることを指すと思われる（脚注[21]を鑑みても）ため、руководи́ть と同様の「被動形動詞現在あり（имеется прич. страд. наст.）」の誤植か。
21　「被動形動詞現在・過去どちらも存在しない」ことを意味すると思われる。

参考文献・資料

堤正典（2002）「ロシア語初等学習者のための文法と語彙―動詞・形容詞―」『神奈川大学言語研究』第 24 巻、pp.149–167.

堤正典（2004）「ロシア語初等学習者のための文法と語彙―名詞―」『神奈川大学言語研究』第 26 巻、pp.47–64.

Андрюшина, Н. П. и др. (2013) *Лексический минимум по рксскому языку как иностранному. Первый сертификационный уровень. Общее владение* (6-е изд.). Санкт-Петербург.: Златоуст.

Зализняк, А. А. (2008) *Грамматический словарь русского языка* (Изд. 5-е, испр.). Москва: Аст-Пресс Книга.

Ожегов, С. И. (2012) *Толковый словарь русского языка* (28-е изд., перераб.). Москва: Мир и Образование.

Сазонова, И. К. (1989) *Русский глагол и его причастные формы*. Москва: Руский Язык.
日本対外文化協会「ロシア語検定試験―検定レベル判定基準」
　　http://www.taibunkyo.com/kentei/kenteilevel.htm　2015 年 1 月参照.
"Викисловарь." http://ru.wiktionary.org/　2015 年 1 月参照.

IV
レフ・シチェルバの外国語学習論
ロシア・ソヴィエト言語学の潮流から

レフ・シチェルバの外国語学習論
「外国語について」(1928年)と「どのように外国語を学ぶべきか」(1929年)の翻訳と紹介

小林潔

解題

本書で、ロシアの言語学者レフ・シチェルバ (Щерба, Лев Владимирович 1880–1944 年)の二つの外国語教育・学習論を翻訳・紹介した。

Schtscherba L. (V.) (1928) Ueber die fremden Sprachen.// *Wolgadeutsches Schulblatt*. No. 3. S. 226–228.

Щерба Л. В. (1929) *Как надо изучать иностранные языки*. М., Госиздат. 54с.

シチェルバはクルトネの高弟、ペテルブルク学派の領袖であった。若きヤコブソンが、その指導教授でモスクワ学派のウシャコフから講読を禁じられたにもかかわらずシチェルバの母音論を熟読し、その音素の考え方に感銘を受けた、という逸話が残っている。日本でも早くから紹介された。たとえば小林英夫(1903–1978 年)による訳がある[1]。

シチェルバは言語教育にも大きな関心を抱き、生涯に亘って発言を続けていた。彼の教育関係の著作集[2]では、所収されていないものも含め、1914年から没後 1947 年刊行までの 24 本の関連論文が示されている。ロシアのロシア語教育研究でいまなお言及される人物である。日本のロシア語教育を行うにあたって本国のロシア語教育を参照しないわけにはいかないが、その際、本国の取り組みの歴史も踏まえておくべきだし、シチェルバの考えも知っておいて良いだろう。

訳出したのは、1928 年に «Wolgadeutsches Schulblatt» にドイツ語で刊行された雑誌論文と 1929 年ロシア語の 54 頁のブックレットとして刊行されたものである（書誌は上記、前者タイトル 1 字目 Ü は出典表記に従って Ue とした）。

ドイツ語論文は、ヴォルガ・ドイツ人自治ソヴィエト社会主義共和国 (1924–1941 年) の首都ポクロフスク（現在のエンゲリス）で刊行されていた『ヴォルガ・ドイツ教育報知』(1927–29 年) に掲載されたもの。ドイツ語の紀要である。民族の自治およびソ連政府によるドイツ人社会主義国家の宣伝もあったのだろう、当時はドイツ語の使用がむしろ奨励されていた。本論文が何らかのロシア語論文の翻訳の可能性はあるだろうが、シチェルバ自身でドイツ語を書けなかったとも考えにくく、また論文にも翻訳を示唆する注記等は一切無い。

後者のロシア語論文は 2002 年の著作集にも収録されている[3]。訳出にあたって著作集所収の版も参照し、それに従って個別の教材紹介は省略した。

それぞれ原語からの翻訳である。前者は訳しおろし。後者は既出の訳稿に基づき改稿した。詳細は各訳稿を見られたし。

これらの文章でシチェルバが述べるところは、今とは時代も場所も文化的政治的文脈も異にする状況の中で生まれたもので、各言語の位置づけや教授法としては現在にそぐわない点が散見される。特に前者に見られるフランス語偏重などは今のロシアにもない。しかし、問題意識は現代に通じる。妥当な指摘も実際に役立つ助言も多い。現在、インターネットに代表される現代の技術などシチェルバの時代には思い浮かべることさえできなかったファクターもあるが、彼の述べるところを、IT 技術も用いて、現代に、むしろ当時以上に、活かすことは無理な話ではない。

外国語学習は必要である。現代の技術は、だが一見、それを不要にもしているように見える。たとえば、携帯電話・スマートフォンにアプリを入れて、ネイティヴの発音で必要な文言が発音されるようになっている。こういう時代だからこそ自分の口で外国語を発音してみることが求められるのでは

ないか。電子的に作られた発音を相手に聞かせて用を済まそうというのは、効率的かもしれないが、ずいぶん失礼な話である。いわゆる外国人との個人的接触の機会が増加している現在、そして、外国との交流のあらゆる基礎には畢竟、個人レベルでの交流があることを思えば、自らの肉声でやりとりするのが大事である。

　シチェルバが特に重視しているのはリーディングである。そして1929年の「学習法」では интуитивное чтение と сознательное чтение とに分かつ。この翻訳では、前者は「直観的読み」、後者は「意識的読み」とした。前者はおおよそ、いわゆる「速読」に当たり、後者は「精読」に当たるであろう。「直観的」と「意識的」の区別は言語習熟度および外国語教授法にも関わるキー概念である[4]。ソ連・ロシア以外での似た概念と比較・検討しつつ、この区別を現代日本の言語教育に活かすことが可能と思われる。外国語の文章に簡単に触れられる時代になっただけに、読み解く力がより求められている。

注

1 「言語科学史におけるフォルトゥナートフ」。«Вопросы языкознания» (5/1963, 89–93) 掲載の未発表草稿に小林英夫がこの表題をつけて翌1964年に訳出したものである。小林英夫編訳 (2000)『20世紀言語学論集』(みすず書房) に所収。
2 以下の著作集『初中等学校に於ける言語教育—教授法の一般問題』に所収 Щерба Л. В. (2002) *Преподавание языков в школе: Общие вопросы методики.* 3-е изд., испр. и доп. СПб.: Филологический факультет СПбГУ; М.: Издательский центр «Академия».
3 上掲、111–129 頁。
4 たとえば Щукин А. Н. (2007) *Лингводидактический энциклопедический словарь.* М.: Астрель: АСТ: Хранитель, でも項目を立てている。

外国語について

レフ・シチェルバ [1]

小林潔 訳

　外国語教育の問題は、日常起こる出来事に比せばもちろん些細な問題であるが、この些事がまた大問題になりつつある。このまま外国語について無知がひろがると精神的分断が我々に差し迫り、それは我々の文化全体にとって致命的なものになりうるからである。故に、我らが文化建設の責任者で外国語習得を求める指導者の登場が俟たれるし、我らが誠意ある朋友は、かかる指導者をきわめて暖かく歓迎せねばならないのである。

　言っておかねばならないが、外国語に関して我が国でうまくいったことは一度もない。古くは、外国語教育を保証していたのは、支配階級が自身の望みに応じて子弟のために雇った住み込み家庭教師だけだった。政府はこの問題に殆ど全く関心を示さなかったし、それは、民主主義が盛り上がって外国語教育が日常の問題になったような時でさえそうだった。今日、住み込み家庭教師といった「現物経済的」教授法は不適当である。広く一般にアクセスできるように考えて、外国語教育の機関をより大きな規模で設けるべきである。

　かつての中等学校では、二つの外国語を相当な時間数（各々 24 時間）をかけて生徒に教授していた。その善し悪しは別の問題である。初等学校の上位校でも、少なくとも都市部では、やはり複数の外国語が導入されており、選択科目ではあったが、かなり熱心に学ばれていた。しかし、全てを満足させるものではなかった。これらの卒業生の外国語習得は不十分だったのである。今日の実習学校（Arbeitsschule）では、一つの外国語（ほぼドイツ語）だけが教えられており、通常のカリキュラムでの配当時間は 13 時間に過ぎない。

当然、これでは何の成果も出てこない。

更に昔の学校ではラテン語も教えられた。それも徹底的に行ったので、その結果、二つの現代語とともに言語学的な一般素養も得られた。つまり、古い学校の卒業生は、比較的限られた労力と時間で任意のヨーロッパ語を習得可能程度にはなったのである（もちろん、本が読めるという意味でだが）。こんな古典主義の衰退にシンパシーを感じる向きもあるかもしれないが、言語的素養の放棄が無罪なわけはないことも忘れてはならない。それは再建されなければならない。さもないと、何を求めても全く意味がない。なんといっても我々が思いを寄せるべきは我らが後の世代である。そして、まだギリギリ学校で学んでいる子弟のために、我々は遅滞なく二つの言語を必修語として導入しなければならない（フランス語とドイツ語である。英語はその後容易に習得されるからである）。この際、十分な学習時間を配当したりラテン語を頼りにしたりは出来ないことに留意する。

また、外国語教授法や語学教育の目的に関する問題は、新たに検討されなければならない。多くが古びてしまったからである。外国語教育の「家庭教師時代」の遺産であるが、ラテン語の他に複数の近代言語も学ばれていたので真っ当なことも多かった。今や、全てが変わってしまった。そして、教授法は新しい事情に適応せねばならないのである。なかんずく、フランス語を再び取り上げねばならない。フランス語にはラテン語の幾つかの機能が与えられているからである。つまり我々の技術用語・経済用語全ての元になっている国際的語彙をもたらしてくれる。

第2の重要かつ差し迫った課題は、外国語教師のしっかり整った育成である。旧政府はこの方向で全く何もしなかった。我々が真摯にこの課題に取り組むべき時である。言語教師に関する問題は目下、全く悲劇的な様相になっているからである。

若者はロマンス語ゲルマン語科に通っていない。その後に仕事がないままなのを恐れているのだ。このロマンス語ゲルマン語科もあまりに少ない。更には、これは全く悲劇的であるが、ロマンス語ゲルマン語科入学のために若者を養育する学校も足りない。この科で、何らかの言語の半句も知らぬ人物

を、当該言語の学術的に育成された教師に4年間で変えることは不可能である。我々が家庭教師時代に戻りたくなければ、ここで英雄的な手だてが求められている。そして特に、我々は中心地に、何らかの外国語で丸ごと授業がなされるような幾つかの実習学校を設立しなければならない。そうなって初めて、50人の言語教師を養成するための必要な素材を得ることができるのだ。外国語の知識が大衆の厚い層に浸透し、他国の学校との生徒交換が可能になったら、こうした英雄的な手だてはおそらく余計なこととなる。目下、この状況からの他の解決は見出すことができない。なんといっても手間の掛かる大事業だ。限られた数の翻訳家・通訳と西欧文学専門家の養成に留めて良いと考えるべきでもない。こうした専門家のためには、彼らの活動が意識的に反映されるような環境が作られるべきである。諸言語の知識と西欧文学多読は教養あるソヴィエト市民の誰もが持つべき要素となるはずで、そうでなければ我々は、物質的な技術の領域だけでなく文学の領域でも西欧に遅れをとるという危険をおかすのである。

注
1 原典では、父称（ミドルネーム）のイニシャルは示されていない。一方で、レニングラードで教授職にあるという肩書きが付けられている。

底本
Schtscherba. L. (1928) Ueber die fremden Sprachen.// *Wolgadeutsches Schulblatt*. No. 3. S. 226–228.

どのように外国語を学ぶべきか[*]

レフ・シチェルバ

小林潔 訳

I 序[1]

1.「どのように外国語を学ぶべきか」というこの問いそのものが奇妙に感じられるかもしれない。

　実際、答は余りにも明らかなようだ。すなわち、専門家——当該言語の教師——の所に行きなさい、教師が君に教えてくれるだろう、と。もちろんその通りなのであるが、困ったことに、専門家である教師が常に近くにいるとは限らないし、純粋に現実的な理由でいつも教師に頼るわけにもいかない。更に——これが最も重要なことかもしれないが——全ての教師がそれぞれの場合に何が必要か言い当てられるわけでもないし、教師に助言を求める者の目指す目的が達成されるには何が最も良いやり方か示せるわけでもない。最後の点は信じがたいと思われるかもしれないが、それでも実に正しいことで、とどのつまり完全に理解できることでさえある。実際、言語をいかに学ぶかを知るためには、言語とは何かを知らなければならないし、言語の特性や法則を知らねばならないのだから。一言で言えば、言語学という分野で良き理論的素養を持っていなければならないのである。ロシアでこうした素養を誇れる者は多いのだろうか？　ごく僅かである。大多数の教師は、現場ではとても良い実践をしているのだが、教授法の問題に関して浅い理解しかない。言語学（いわゆる「一般言語学」）に通じている者が少ないからである。そして、外国語教授法はその言語学の一つの理論的応用なのである[2]。

　それ故、教育の問題にも取り組む言語学者が本件に関して述べる幾つかの見解は、言語の知識を求める者にとっても、言語の教師自身にとっても無駄

ではなかろう。

2. まずは、言語知識を求める者が設定するだろう様々な目的を明確にしておくべきである。このことはそれ自体重要だ。外国語学習に向かう者が全て、自分にそもそも何が必要なのかはっきり自覚しているわけではないからである。言語学習法の観点からも重要である。目的が違えばそれに至る道も異なるのだから。

3. 実際に見受けられる目的を組織的に列挙してみよう。
イ) 旅行や異国での短期滞在で必要な、日常生活のごく簡単なフレーズを理解し発音できる能力。
ロ) 個人レベルでの会話を維持するために必要な、口語をある程度自由に使いこなす力。外国人と長めのやりとりをし、さまざま状況でさまざまなテーマで会話をする時に必要である。この時、話し相手の時間を奪わないために十分に自由に言語を使いこなすことができなければならない。だが、発音の観点では非[3]や誤りがあっても構わない。寛大な話し相手は理解の障碍とならない限りいろんなことを許してくれるだろう。
ハ) 口頭の言語を完全に、すなわち誤り無く多面的に使いこなす力 (もちろん、この能力にも多くの段階がありうる)。このような力は、人前に立つ際はいつでも必要である。実際、言語が駄目だと全くの正しいことも損なわれるかもしれない。
ニ) 辞書を使ってテキストを理解する能力。この力は、望みと実地に応じて随意に広がり得るものである (下記参照)。
ホ) 一定の専門分野の学術論文や書籍を読む能力。
ヘ) 新聞、娯楽的内容の難しくない本などを読む能力。しかし、けっして以下を含意するものではない。
ト) あらゆる書籍を読み、完全に理解し、翻訳する能力 (もちろん、この能力にも多くの段階がある)。
チ) ごく簡単な形式の書き言葉——業務上の文書のやりとりや学術論文と

いったものを使いこなす力。このような限られた能力でさえも優れた言語知識があってはじめて可能である。しかし、以下の段階を含意しない。
リ) あらゆる形式の書き言葉を完全に使いこなす力 (この能力にも多くの段階がありうる)。

4. これらの目的は全て、相当程度、独立していることを特に言っておく必要がある。たとえば、ト項の能力〔あらゆる書籍の読解力〕はあるが、書き言葉と話し言葉は全く使えないこともありうる。当該言語で自由にお喋りができ、少しなら書くことさえできるのに、真面目な書籍を読む力は無く、そもそも何かを然るべく読み、理解し、訳す能力を持たないということもある。あるいは、たとえば、新聞や軽い読み物等のおおよそを理解できるのに、本当のところ、読み、書き、話す能力を持たないこともある。

5. 個々それぞれの場合に何をなすべきか実際的なアドバイスに移る前に、外国語を学ぼうとする者があらかじめ持っている言語的素養の重要性にもう一度注意を向けねばならない。学習者にとってその外国語が第一のものなのか、二番目に学習するものなのかが極めて重要である。もし二番目なら、第一外国語の修得度がいかなるものか、直観的なものか、意識的なものなのか、すなわち、その言語から正確に訳すことができるのか、その言語のフレーズの構造をはっきり認識しているのか、それとも、ある程度母語と同じように無意識に理解し喋ることができるだけなのか、である。初めての外国語ならば、母語での素養がどの程度かが大きな意義を持つ。発話を文法的に分析することに慣れているのか、意識的かつ文体的に正しく書く力があるか、読書量はどの程度か、ということである。

　これらは全て、個々のケースの外国語学習で然るべき方法を示すために重要である。

6. ここですぐに言えることを述べておく。もし人が初めて外国語学習に取りかかるのであり、母語の分野で意識的かつ優れた人文的素養を欠くのなら

ば、ことは極めて困難で、いずれにせよ、教師の助けを求めるよう助言してあげるべきである。学習者一人で何かを達成することはできまい。もちろん理屈では人は何でもできる。しかし、上記の条件での外国語習得では、他からの助け無しに困難を全て克服できるのは、特に天賦の才を与えられた者もしくは特別な意志の力を持つ者だけである。

7. ここで述べておくのが適切なので言うが、そもそも、自然のものでも人工的なもの（ブルジョアの家に住み込んで教える男女の家庭教師といったもの）でも良いが、恒常的な外国語環境という条件なしに言語学習をすることは困難で、抽象化能力、大きな積極性、たゆまぬ労苦への能力が求められるのである。授業（個人授業もしくは集団での授業）での学習には、特に苦労も緊張することもなく言語が習得されるような何か「アメリカ的な」、もしくは別の方法は存在しない。筆者は幻滅してしまった人を常に目の当たりしてきたので、このことを、ひどい幻滅から人々を予防するために敢えて述べておく。

　苦労せず外国語の初歩を身につけたいのなら、少なくとも１年間、ロシア語を一語も喋らず付きっきりでいてくれるような外国人を自分の側に置くべきだろう。これは、国外でさえもしなければならないかもしれない（このように断固としてではなくとも）。というのも、国外でも、その言語を喋れない外国人に自分の時間を喜んで捧げてくれるような人は見つからないからである。現実が示すように、ロシア人は、積極性や進取の気性が不十分で、国外に何年も住んでも外国語を覚えない。一人きりか同国人の仲間内で時間を過ごすからである。

　しかし、このような「円滑な」受動的な外国語学習がもたらすのは３-ロ項に示した能力〔ある程度の会話をする能力〕だけだということを強調しておかねばならない。もちろん、その能力によって他の全ての能力がかなり容易に獲得される。しかしながら、これらの能力も各々【どれもが】、そして、【どのような】条件にあっても、ある程度のたゆまぬ努力によってのみ達成されるのである。

II　旅行者のための外国語

8. 3-イ〔日常生活のごく簡単なフレーズを使う力〕で示した能力を得るのは、記憶力が良ければ比較的簡単である。このために特別な会話帳がある。独・露語、フィン・露語といったものである。そこには通常、日常生活のあらゆるテーマのフレーズや短い会話が示されている。外国語のテキストは、しばしばロシア字でのトランスクリプションが付けられている。つまり、ロシア字ででも書かれていて、翻訳も付いている。こうした本を少し勉強した後、それでも、将来の国外での会話のリハーサルを多少なりとすべく何レッスンかでも教師のところで習うのが有益である。この本は、もちろん、常に携帯し、必要な場合には忘れた語や語結合を思い出すためにポケットから取り出すことになる。過去ロシア語で出た、あるいはものによっては今もあるこの種の本は総じて相当不十分なもので、ほとんどが間違いだらけである。とはいえ、旅行者の言語に求められる要求にとってそれは全く重要ではなく、この種の本のいずれも利用可能である。

III　外国語での講読

9. 3-ニであげた目的、すなわち、辞書を用いてあらゆるテキストを理解できるようになろう（自由に読むというのではない）というのなら、以下のように行うべきである。その言語の文法書で、それほど大部ではなく、もちろんロシア語で書かれたものをどれでも良いから手に取り[4]、注意深く通読し、文法書の中に排列された教材を学習することである。更に、助動詞とその活用、（冠詞があるならば）冠詞とその語形、代名詞、前置詞、接続詞を覚え、テキストの中でどうやって動詞に気付くことができるか、動詞のいかなる形態が区別されるか、数と性の主要な指標はいかなるものか——もしそれが当該言語の中で区別されるならばだが——把握するのである。更に、語形成の諸法則に目を通しておくことが必要である。その後、文の語順の主要規則に通じるべきである。主語をどこに探すべきか、述語とその部分がどこにあるか、どの語が形容詞で、どの語が名詞になるのかなどといったことを知るためである。

これら全てが良く覚えられないからといって不安になる必要はない。これら全てについて考え、これら全てについて文法書の中に規則を見つけられることが重要なのである。もっとも重要なことは、細かいことは何も覚え込まないこと、例外はそもそも何も覚えないことである。ただし、上述の、すなわち、助動詞、冠詞、代名詞、前置詞、接続詞およびそれらの意味は覚えること。これにはおよそ一週間使えば良い。その後、何か内容的に面白く興味深いテキストを取り、文法書と辞書を常に参照しながらそれを読み始める。

辞書は、市場に出回っているもののうちで最良のものをすぐに入手するのが、もっとも適切である。小さな辞書ではあっという間に要求に応えられなくなる。辞書は使い方を覚えなければならない。これは難しい。辞書自体の中に特別な指示がなく、文法書から読み取った情報では不十分な場合、知識を持つ人に相談することになる。数レッスンで、辞書の中で単語を探すやり方や、辞書のデータをそもそもどう使うかを教えてくれる。

10. フレーズの意味を理解するために、句読点を用い、接続詞、前置詞、代名詞の知識を活かし、動詞の語形に気付く力を使って、まず主文を見つけ、その後、その中に動詞人称形とそれにかかる主格（無人称動詞でなければ）を見つける必要がある。これが基礎となる。フレーズがどれほど複雑であろうと、この基礎に基づいてフレーズ全体を徐々に解き明かしていくのである。もし他のやり方をするのなら、すなわち、辞書で全ての単語をテキストにある形のまま順々に見ていくのなら、決して言語に習熟することはないのであって、いっそ言語学習を完全に放り出した方が良い。

忘れないで欲しいが、最初はこの方法はとても困難に思われるかもしれない。だが、一月後にはもうずっと簡単になり、一年後には習熟していかなるテキストもきちんと理解できるようになるのである。

11. いずれにせよ学び始めの頃の話ではあるが、単語とその主要な意味を特別なノートに書き出すのは有益である。こうすると単語そのものが覚えられる。更に、意味——類似や反意——および形態——接尾辞や接頭辞など——

に応じて単語をそれぞれ対照してみるのが有益である。単語は、特に最初の頃は絶えず見ていなければならない。この過程全体の目的は、当該言語の構成諸要素——純粋に文法的な要素と語彙的な要素——の習得である（構成上の諸要素について詳しくは下記VI 39、40）。

12. 発音はどういうものでも良い。もしくは、無しとしても良い。つまり、語を目だけで覚えても良い。辞書を用いて書籍を理解することだけを欲する以上、発音は重要ではないのだ。しかし、将来のことを考えるのなら、発音も覚えるのがとても有益である。発音は、良い辞書に単語ごとに示されている[5]。さもなければ、後々学び直すこととなり、それは可能だとしても、やはりとても困難である。

13. テキストの選択に関しては、それぞれのフレーズが意義深く費やした労力を惜しいと感じさせない作品を選ぶのが良い。言えることはこれだけで、何か具体的で、全ての者に一様の助言を与えることは不可能である。全ては、言語学習に取りかかる人の好みや傾向、教養次第だからである。ただし、ごてごてした言語を避けること、及び、方言色ある言語を避けることは重要である。ロシア語をアンドレイ・ベールイやレスコフ、マヤコフスキー、セイフーリナから学び始めようとは誰もしない。もっと簡単なテキスト、この目的に故意に合わせた、特別な語彙集と注釈さえついているテキストから始めると仕事を楽にすることができる。

14. 上述のやり方で獲得し得る能力があれば、多くの場合、実際的な要求の多くが叶えられる。たとえば、もともと外国語で読む必要は無いのだが、ただ時々何かの書類や文書を理解し、何かの書籍で何が言われているかを把握し、百科事典で調べ物をしたり、何かの便覧を使うといったことになった場合である。しかし、この能力は、外国語の書籍を使いこなすあらゆる力の基盤にあるはずである。使いこなすといってもそれはそれで様々なニュアンスがありうる（3－ホ、ヘ、ト参照）が、それについては下記を見られたし。

15. しかしながら話を先に進める前に言っておくべきことがある。上述の方法で成功できるのは、何か他の外国語学習で文法的な訓練をきちんと受けている者だけだ、ということである。初めて学習に取りかかる者は、別の方途をとって話し言葉の学習から始めた方がよりうまくいく。すなわち、3－ロ〔口語をある程度自由に使いこなす力〕に示した目的をまずは第一に設定した方が良い（24〜34 参照）。こうすると、徐々にそして簡単な具体的な素材に基づいて、言語構造の知識が身についていくのである。この知識がないとテキストを理解する習慣を得ることは全く不可能である。この際、おそらく、何か余計なこと、率直に言って実際には必要とならないものを学ぶことになる。これは方法であって目的ではないと納得しておく必要がある。

16. 知っておくべきだが、ヨーロッパの諸外国語で専門書を読めるようになることは相対的にそれほど難しいことではない。ただし、普通のしっかりとした言語的素養があってのことではある。初中等教育でラテン語とフランス語、ドイツ語をきちんと学んだ者、あるいは、少なくともフランス語とドイツ語を（それでもこの両言語を十分に）学んだ者は、三、四ヶ月でどのヨーロッパ語のテキストでも片付けられるようになる。このような素養を持たぬ者はこうなるのに一、二年は費やさねばならない。更に、このような言語的素養の基礎を形成するのは子どもの時がはるかに容易であることも知っておくべきである。成人にはずっと難しい。初中等教育での現行外国語教育ミニマムでは全く不十分だと認めねばならない。どうにかして、学校内や学外のサークル、グループといったもので補足学習を組織するよう、勧める必要がある。こうした営みが然るべき設定の中で行われれば、必要な、外国文化に容易に馴染むのを保証する言語的素養が得られるだろう。

17. 初中等教育でそれでも当該外国語を学んだ者は何をなすべきだろうか。この実際的な問いに答えるのは難しい。学校で得られるであろう知識は質的にも量的にも一様でないこと甚だしいからである。ともあれ、辞書を用いてフレーズを理解できるか、その構造が自分に明らかなものかチェックすべき

である。もしそうでないのなら、9〜13 で示した流れで、必要な習熟度に達するまでやってみる必要がある。いずれにせよ初中等学校で学んだことは無駄ではないだろう。読書のために必要な能力――フレーズを分析し、その文法構造を把握する能力――を得ることが著しく容易になるからである。

18. テキストを外国語辞書を用いて理解する能力、これは、あれこれの方法により（初中等学校で、あるいは 9〜13 あるいは 27〜34 のやり方で）得られるもので、現実の要求に応じて様々な方向に発達させられる。いわゆる「直観的読み」を伸ばすこともできる。これは、つまり、総じて読むものの全体の意味は把握するが、考えの表現法を常にはっきりわかっているわけではなく、時には、考えそれ自体も完全に正確には把握せず、ニュアンス全体も捉え切れていない、という読みである。一方で「意識的読み」も発達させることができる。翻訳を行う者や、一般に、外国語の文献を完全に利用し尽くしたい者にとっては必須である。

　生活上、直観的読みで間に合う場合はとても多い。娯楽読み物を読む場合や、新聞を読む場合、技術文献を読む場合などである。

19. もし、何か狭い専門分野――医学、数学、航空学など――に関してのみ論文や書籍を読めるようになりたいのなら、そもそもの始めから然るべき[6]テキストを手に取り、これによって上記 9〜13 で示したテキスト読解の習慣を得ることができる。

　あれこれやってテキストを読む習慣を身につけた後は、辞書と文法書を体系的に用いることをやめねばならない。推測で読み、理解できぬままのところには注意を払わず、全体の意味を捉えるように努めねばならない。この時、できる限り沢山、決して自分の専門分野の範囲外に出ることなく（ここがとても大事！）読むべきである。こうしたやり方を取ると、比較的短時間で難なく専門文献を読めるようになる。特に、数学、天文学、物理学、科学、技術関係などはそうである。

20. 経済原論や文学史、ことに哲学といった学術の専門文献ではずっと多くの努力を求めるし、本質から言って、書籍の言語なるもの——下記23で述べる——を程度の差はあれ十分にマスターしていることを前提としている。それに当然のことだが、当該の文献が「技術的」であればあるほど、また、その文献の中に公式や、約定的だが厳密な科学の用語が増えれば増えるほど、その文献は容易で理解しやすいものとなる。語や言い回しの独特な用法というものが少なくなるからである。こうした独特な用法にこそ外国語の主たる難しさがあるのだ。

21. 新聞や娯楽読み物といったものを自由に読めるようになるのはずっと難しい。しかし、方法に変わりはない。文法書と辞書を用いてテキストを理解するということにいくらか慣れた (9〜13) 後に、多読を始めるべきである。難しい箇所に惑わされず、分からない箇所はとばして読み、主に推測を発達させていく。読み物となるのは簡単な娯楽的なものにするべきだが、とりわけ冒険談的なものが良い。まずは、次から次へと展開する筋立てで読み進める気になることが必要である。しかも、描写的な性格のものを読むより、物語的なものを読む場合の方が推測がより正確に働く。

　もちろん、最初は進みがとてもゆっくりだろう。しかし、スピードアップに全努力を傾注すべきである。正確で完全な理解は犠牲にするしかない。辞書を見る頻度はますます少なくして、辞書をひく代わりに推測するように努めねばならない。その言語だけで書かれている(詳解)辞典の使用に移ることが特に推奨される。訳語ではなく、語の説明が当該の外国語で与えられている辞書である。

　このような読みの目的は、語と言い回しを実際のコンテキストの中で繰り返すことによって、学習者の語彙と語法の知識を知らず知らずのうちに増大させていくことにある。この時、自明だが、言語の中で出現頻度が最高度のものが全て繰り返し現れることになり、全てのもっとも必要で重要なものがこうして自ずと選び出される。このことから、成功は読書量しだいだ、ということも分かる。それ故、常に何かの本を携行し、暇な時はそれを、市電の

中、仕事の合間、就寝時などなどいつでも読むことを推奨する。

22. このように行うと、ある程度の軽い読み物はどんなものでも殆どロシア語のごとく読めるようになる。そうはいっても全てに当てはまるわけではないし、もちろん、詩歌は無理である。それについては後に述べる。歴史物の著作も大きな困難とはならない。その代わり、新聞の文体は特別な訓練を必要とする。軽い娯楽物の直観的読みを鍛えてはじめて、同じように新聞を読めるようになる。まずは雑報欄で、その後、その他の分野へ移る。新聞を読みかつ理解できるようになることはもうずっと難しく、かなりの時間を費やさねばならないことを知っておくべきである。

23. だが、実際にあらゆる作品を読み、しかも完全に理解して読むためには、「直観的読み」だけでは不十分である。直観的なものと並行して、意識的な読みも続けねばならない。この読みでは、良い辞書や文法書、文体の教科書、またその他の便覧をも用いて、あらゆる単語、語の選択そのもの、規範からのあらゆる逸脱といったものの理解を得るべきである。

　かくして、書籍で使われている言語に完全に通じるためには、一方では、辞書無しで軽い内容の読み物を多くかつ早く読むことが不可欠であるし、他方では、辞書やその他の便覧を用いて多様な難解なテキストをゆっくり、しかも入念に分析しつつ理解していくことが必要である。こうした難解なテキストも序列に従って読むべきである。まずは、いろいろの古典的なテキストを読み、その後、他の様々な文体のものに移っていかねばならない。詩歌を読むには、独自の、全く特別な訓練が必要で、この初心者向けの文章では説きがたい。哲学的性格の学術テキストは、詩歌やある種の芸術散文ほど難しくないにしても、それでもゆっくりした意識的な読みを必要とする。語の選択やその排列がそこで重要な意味を持つことが時にあるからである。

　それ故、総じて言えば、人文学の専門文献を読めるようになることは、精密科学の文献を読めるようになるよりはるかに困難である。

IV 外国語の口語〔会話の言語〕

24. IIIでは書籍の言語の【理解】について述べた。今度は、言語を〈使いこなす〉こと、なによりも会話で用いる口頭の言語を使いこなす問題に移ろう。この使いこなすという力は、聞き取ったものを理解する能力、およびそもそも話すという能力からなる。これらの能力の相異なる段階は以下の二つにまとめられる。流暢だが誤りを含む喋りと、流暢かつ誤りが無い喋りである。この時、前者が後者の初期段階であると考えてはならない。ペラペラ誤りながら喋ることに慣れた人間が誤りをなくすには相当の労苦があってようやくできることである（そもそも、そういう癖をやめられるとしてのことだが）。

25. 書籍の言語を習得する過程が、外国語環境（自然のものにしろ人工的なものにしろ）という条件なしにも可能である一方、口語の習得過程はそうした条件無しには困難である。いずれにせよ、教師無しでは殆ど不可能だと言わねばならないし、皆さんへの、特にはじめて外国語に取りかかる方への筆者の心からの助言は、できるだけ教師につくようにしよう、少なくとも初歩の段階はそうした方が良い、ということである。「自習書」（他者の助けなしに外国語習得を可能にする特別な教科書、下記 30 を参照）では駄目である。しかし、もちろん、教師のもとで学ぶ際も授業での学習の基本は、多くの練習問題を行う体系的な語学講習とすべきである。

26. 初期の難所を克服した後は、その後の継続のために、教科書の学習とか段階的なシリーズもの教材を行う他に、18 以下に述べた「直観的読み」の育成に取りかかる必要がある。更に、簡単な娯楽的なものに加えて、簡単な戯曲を読むのも有益である。書籍だけが近くにいない外国人のヒアリングの代わりとなり得るのであり、書籍だけが現用のフレーズ――その知識が言語習得の基礎である――の資料を与え得るのだ、と覚えておくべきである。教師と対する時は、単に、読書から汲み取った自己の知識を動員し、それを発話へと具現化する技能を練習していくことになる。ここでは何を読むかが特

に重要である。読んだものが模倣の唯一の手本であり、学習者が日常の事物について作家ベールイの言語で喋ることはよろしくないからである。

更に完全なものにするためには、喋るときの間違いを自分に許さないことがとても重要である。この種のことでは、たくさん（しかし精一杯刻苦して）、様々な作文、リライト、質問への答といったものを書くのが良い。誰かがそれを直すことはもちろんである（これは結局は通信教育でも行うことができる）。このためには、もちろん、意識的読みの方でも練習する必要がある。一般的に言って、外国語環境の無いところで、完全に正しい発話を伸ばすことができるのは、自身のうちで書籍の言語の完全な理解（23）と書き言葉の完全なマスター（下記38）とが結合する場合だけだと思われる。これら全ての能力はお互い支え合っているからである。逆に、比較的ペラペラと、しかし誤りながら喋ることは、おそらく直観的読みだけで、教師の多少の援助があれば習得することができる。

27. 話し言葉の学習では、発音が大きな意味を持つ。これは、はっきりと喋る能力だけでなく、話されたことを理解する能力にとってもそうである。外国語の音声を発音するだけでなく、それを聞き取ることも習得しなければならない。比較的見事に喋ることができる人が、外国語の環境の中に入って、何も理解できないということはしばしば起こることである。これは、外国語の発話を聞き取る力が無いためである。つまり、速く話されたときに当該言語の音声がどう変わるかを知らないのだ（そして、どの言語でも音声はその言語なりに変化する）。

発音の習得でも二つの段階が認められる。なにがしかの強い訛りがあるが初歩的な誤りはなさない、というのと、全く訛り無くあらゆる点で正しく喋ることができる、というものである。後者は公の場で喋るときに不可欠だし、あらゆる文芸の言葉の理解にも必要である。詩歌は、もちろん十分な作品把握という意味では、完全に正しい発音なしに理解はあり得ない。

28. 発音の初歩的な誤りとは何かを説明するためには、外国人がロシア語の

単語を混同することを例に挙げれば良い。нить, ныть, ныт とか пыль, пиль, пыл, пил などといった語である。全く同様に、ロシア人は мэн で二つの英単語を混同する (man と men)。これらは実は発音が違う。каше では二つのフランス語単語を混同する (cacher「隠す」と cachet「スタンプ」)、などである。ドイツ語は、この点とても簡単な言語だと半可通には思われているが、母音の長短を区別することで、ロシア人には思いもよらぬことを絶えず用意している。この区別はロシア語には全く無いもので、たとえば кам という音結合は、発音の違いによって「到着した kam」と「櫛 Kamm」を意味する。速く話されると、かなりの場合、ロシア人の耳はこれらをうまく捉えることができない。

29. 発音習得はいかにあるべきか？　ここで助けとなるのが言語学の特別な領域、音声学である。この学問は、経験豊かな教師のもとではとても有効である。

　発音習得のためにとても有益なのは、外国語テキストが入ったグラモフォン・レコードや蝋管レコードを聴くことである。しかしながら、これが真に有益となるのは、経験豊かな教師のもとでの音声教育と結びついた場合だけである[7]。

30. 学習の場が皆無の場合、自習書に助けを求めることになる (25)。他からの助けなしに外国語を学習するという課題は、Ⅲで見たように、書籍の言語に関しては解決できないわけではない。しかし、口語に関してははるかに困難である。

　喋ることを習得するためには、厚い自習書を採用し、最初から最後までこの自習書で採用している方法に従ってやり通さねばならない。その方法が時に不出来なものでも、それでもくどくど言わずに体系的にやり通すことで何かしら得ることができるのである。もしある本から別の本へと飛び移り、何故か重要ではないように見えた何かしらの箇所をやり落とすなら、自分の営為を仕損なって行き詰まるだけである。一つ常に念頭に置いておかねばなら

ないことは、出来る限り量のある簡単な読み物が必要だ、ということである。当該言語の構造、文法の基礎を十分に習得し、辞書を使ってテキストを理解できるようになったらすぐその時からこうした読書を始めなければならない。どんな教師も、ましてやどんな自習書も、唯一の友にして師たる者の代わりにはなれない。その友・師とは、我々が読みたい時にいつも読み、興味を引くのでいつも読みたくなる良い書物である。

31. 上記 15 で述べたが、はじめて外国語に取りかかるのであれば、専門書を読むというごく慎ましい目的を立てた場合でも、会話の言語からはじめるとうまくいく。一方で、口語を習うのは難しいものだし、とりわけ教師がいない場合はなおさら難しいことも分かっている。それでも、会話からはじめるこの方途を良しとすべきである。その理由は以下の通り。外国語テキストの理解を習得するためには、言語の構造や言語の構成要素を把握する必要がある。すなわち、まずはその文法であり、次いで語彙のうち抽象的な文法的意味を持つ部分（これについては特に下記VIを参照）を自分のものにせねばならない。文法的な訓練を受けていない者に、抽象的な形でこうした事柄を伝えるのはとても難しい。もちろん、9〜13で勧めたように、テキストに基づいて行うことはできる。しかし、やはり容易ではない。各フレーズがおそらくあらゆる難解箇所を含んでいるからだし、文法分析に慣れていない人は素材の多さに圧倒されることがある。こうした素材は徐々にそして体系的に提示していかなければならない。更に、周知のごとく、能動的な習得の方が、受動的な習得よりも易しいのである。様々なフレーズは、抽象的な形でよりも実際の用法での方がより簡単に覚えられる。それ故、当該言語の構造上の諸要素――文法的要素、語彙的要素――を学ぶのは、日常言語の自然なフレーズの中で学ぶのが最も容易なのである。しかも、こうしたフレーズを学ぶとその言語をいくらかはマスターしたという感触を得られる（学習者にとって、それなりの心理的意味がないわけではない）。

32. もちろん教師は以下のことを念頭に置いておかねばならない。会話での

言語を習得したい学習者にとって、これらの日常言語のフレーズは習得目的であり、会話の言語を機械的に使いこなす第一段階になる。一方、書物を扱えるようになりたい学習者にとって、日常言語のフレーズは言語構造を把握し認識する手段に過ぎない。それ故、原理的にこれら二つのカテゴリーの学習者を分けることさえ理に適っているように見える。まして、言語を使いこなすために必要な多くの事柄（たとえば、ドイツ語で名詞を格変化させる能力や、フランス語でどの動詞が avoir と活用し、どれが être と活用するかの知識、ドイツ語でどの動詞を haben と共に使うか、あるいは sein と共に使うかといった知識）がテキスト理解のためにはたいして重要ではないことが分かっている。それで結局は、最初のカテゴリーの学習者にとっての文法は第二カテゴリーの学習者にとってのよりもおそらく多くすべきである。しかし、実践でこの区別を行うことは勧めない。特に初級段階ではそうで、多くの人は、書物を使いこなしたいだけの人でさえも、それでも多少は外国語でフレーズを組み立てる能力をも目指しているからである。取り落としたところを後で覚えるのは不便であり難しいだろう。最後に、区別そのものも結局のところ相当に穏健なものになるはずだろう。上述した、会話の言語からという方法の利点を失わないためにである。それ故、実践では全体として統一的な初級言語コースができあがっている。これと異なるのは、旅行者のためのものとした8で述べた学習方法だけである。

33. しかし、もちろん、書籍を使いこなしたいとする人は、当該言語の構造を十分しっかり身につけたと感じ、また、自分の益になるべくもっぱらテキスト理解だけを行えるようになったら直ちに、この一般的初級コースをやめるべきである。ここで、最初は常に文法書に頼りつつも、——言語を使いこなすには必要だが理解には重要でないものがあって——もはや全ての事柄に注意を払わないことは当然である。

34. 会話の言語から始める方法には、成人にとって不愉快な面が一つある。きわめて幼い内容の事柄から始めることになる、ということだ。最初の頃の

授業では、ドイツの国会の激変やドイツの重工業の情勢、フランス文学のニュースといったことについて語ることはできない。退屈だが必要なフレーズから始めることになる。たとえば、「私は立ち上がって窓辺に行った。窓を見て、庭の少女に気付いた。少女はベンチに座っていて、テーブルの上に本を置いた。人形を窓辺に投げた」などといった類のものである。ここに、成人の外国語学習の悲劇がある。そして、上述したことを繰り返すことしかできない。すなわち、言語的素養の基礎は全てが簡単容易に与えられる幼少期に形成されるはず、ということである。初中等学校での外国語教育（二言語必修とすべし）の営みは、どの市民も 9～13 で述べた方法に従って第三第四外国語で、更には諸外国語で、読むことを【学ぶ】能力を教育から得られるように設けるべきである。

V　書くときの外国語

35. 書くときの言語の習得（3－チ、リ）について何かしら語らねばならないだろう。一般的に、この能力は、会話での言語の習得以上にはるかに密接に書籍の言語の理解と結びついている。外国語環境の外で教師なしに上手に喋れるようになるのはほとんど不可能である。反対に、書けるようになるということは可能なばかりか比較的うまくいく（もちろん、膨大な努力を払ってのことである）。しかし、この領域ではごく僅かな進歩といえど、やはり既に、言語の相当の知識、しかも、通常の初級コースよりも大規模な知識があることを示している。

　実際は、最も充実した外国語コースを選ばなければならないし、その講座を入念に学び、すべての練習問題をやりとげて、更には、直観的読み及び意識的読みに取りかからねばならない。しかも、すでに 3 で示したごとく、ここには二つの方向がありうるのである。

36. 専門書の文体を習得するためには、できる限りたくさん当該専門分野のものを読み、ついには、自分用にこの分野で何か、そうたとえば何かの問題の説明文とかを思い切って書いてみるべきである。これまで読んできたこと

全てから自分の無意識的な経験を用いて、決してロシア語から訳すのではなく（これはとてもとても重要だ！）書くべきである。辞書は一ヶ国語のものを用いるべきで、その語法[8]の中に、自分が必要とする単語や語結合を探すのである。

もちろん、ロシア語のテキストがついた様々な辞書を用いても良いが、そのテキストに基づいて得た解答のおのおのは、外国語の浩瀚な辞典の語法に照らして検証しなければならない。

辞書の他に、当該言語の出来の良い浩瀚な文法書をも参照する必要がある（言うまでもなくこの文法書はあらかじめ学習しておくこと）。文法書の中に、語形成やまたその用法の必要な指示が全て見つかるだろう。文法書はとてもたくさんあるが、残念ながら、完全に満足して用いることができ、記述にも常に賛成できるようなものは少ない。

しかし、自身の作文の主たる源泉はやはり、読書であり、これまで読んだものを無意識にあるいは時に意識的に模倣することでなければならない。書いたものに批判的に接することで最終的には、とても見事な——もちろんオリジナルなものではないが——学術論文、特に精密科学の論文に全くふさわしい文体を育てあげることができる。

37. 幾つかの文体には既に手本が用意されている。たとえば、いわゆる「商業文通」とか様々な「文例集」といったものの講座で、これも無数に存在する。

ただし、こうした手本集からひっぱってきたものをコピーするだけで十分だと考えてはならない。手本に基づいて自分自身の文章を書くことを学ばねばならない。言うまでもないが、何よりもそして常に必要なのは何について書いてあるかはっきり理解することである。それ故、何ダースかの商業文書の見本を棒暗記したが、しかし、商業の仕組みを理解していないのならば、もちろん、外国での商売の良き代理店員にはなれない。全く同様に、何が書かれているか知らずに学術論文を書くことはできないし、論文を外国語に訳すことすらできない。しかし言うまでもなく、これは本稿のテーマと直接関

わることではなかった。

38. 外国語の文体を全般的に習得し様々なテーマについて書けるようになるためには、何より、多様なものを数多く読むことが必要である。この時もやはり、過度に様式化された作品は避けること。読んだものをまねすることで、多少なりとも誤りなしで様々な事柄について書くことを学ぶことができる。しかし、もちろん、何よりも重要なのは、意識的な読みと直観的な読みを用いて、自分が書いたものに対して十分に批判的な態度を取れるような言語感覚を自身のうちに育てることである。

　もとより、読書の他に、説明文や要約を書く練習を体系的に行わなければならない。もっとも適したテーマは以下のようなものだろう。何か一つあるいは複数の論文（もしくは一冊あるいは複数の書籍の数章）に基づいて何かの問題の説明を、短めに書いてみたり、長めに書いてみたりする。更には、どのメジャーな言語にもある作文練習問題集を用いることも不可欠である。

Ⅵ　付録　但し読み通すこと

39. これまで再三、言語内の構造上の諸要素が重要だと述べてきた。命題として提示することすら可能である。すなわち、より難解なテキストの理解の過程で、そしてもちろん、言語学習の過程で、構造上の諸要素は語彙的なものよりも重要なのだ、と。複数の言語に通じている人に於いて、語彙的な諸要素は多いこともあるし少ないこともある。ある程度、人によって語彙に違いがあったりもする。一方、言語知識の不可欠な基礎をなしているのは、もちろん、構造上の諸要素である。言語のそれぞれの要素の知識が相対的であることを理解してもらうために、以下、言語の構造上の要素を抜かしたフレーズを幾つか、そして、語彙上の要素を抜かしたフレーズを幾つか示す（構造上の要素と筆者がここで言うのは、特に文法的な要素――これには句読点の類も入る――だけではない。語を派生させる要素もそうだし、多かれ少なかれ形式的で文法的な意味、あるいはきわめて一般的意味を有する語彙的要素もそうである）。読者にそれぞれ解き明かしてみるよう勧める。

構造要素を抜かしたフレーズ

1) Идти флигель хлеб

　これらの語からフレーズを組み立てるのは難しくないものの、相当数の相異なる理解の可能性がある。これは«идти во флигель за хлебом» «иду из флигеля с хлебом» «идут из флигеля за хлебом»〔「離れにパンを取りに行くこと」「離れからパンを持って行く」「パンを取りに離れから行く」〕などを意味し得るのである。

2) Засыпать полночь сниться обливать кипяток обыватель Финкс старый кресло (Чехов)

　こちらは、フレーズを組み立てることはもう難しくなった。が、それでも何かしら考え出すことは可能である。たとえば、«когда он засыпал в полночь, то ему снилось, что он обливает кипятком обывателя Финкса, сидящего в старом кресле»〔「真夜中、彼は寝込むと夢を見た。古い肘掛けいすに座っている住民のフィンクスに熱湯をかけているのだ。」〕あるいはこういった類のもの[9]。

3) Снова долгий год разлуки увидеть огромный сад мелькнуть несколько счастливый день детство много раз сниться сон дортуар школа хлопотать образование (Достоевский)

　これらの単語から、ここで何が語られているかなにがしかの理解を得ることは可能であるが、以下のようなフレーズだと言い当てることはおそらくできまい。«Снова после долгих лет разлуки, я увидел этот огромный сад, в котором мелькнуло несколько счастливых дней моего детства и который много раз потом снился мне во сне, в дортуарах школ, хлопотавших о моем образовании».〔「長年離れていた後で、私は再びこの大きな庭を見た。この庭で私の少年時代の幸せな何日かが過ぎたのであり、この庭はその後何度も、私の教育に奔走した学校の共同寝室で、夢にでてきたのであった。」〕

4) Часы результат сложный движение бесчисленный различный колесо блок

медленный уравномерить движение стрелка указывать время результат сложный человеческий движение 160 000 Русский Француз страсть желание раскаяние унижение страдание порыв гордость страх восторг человек проигрыш Аустерлицкий сражение называть сражение три император медленный передвижение всемирный исторический стрелка циферблат история человечество (Л. Толстой).

この語彙の集まりから意味および失われた関係を再現することは簡単にはできないだろう。

構造上の諸要素だけが保たれ、語根を句点で置き換えたフレーズ

1) ....-ий ....-ович ....ял с ....-ой в ....-е около ....-его ....-а.

明らかに ..... -ович は何かの父称を示しており、それと関連して .... -ий が Василий, Григорий といった何らかの男性名に当たることも明らかである。主格の後には動詞が来ると我々は思っており、実際、-ял は動詞の過去時制語尾である。それ故、この語は гулял, паял, валял, стоял などと言ったものだと推測される。前置詞 в と около とその後に立つ語は動作の場所を示す。........-его は形容詞と解釈され対象を修飾しているが、その対象のそばで何かが生じたのである。もとより、このフレーズが具体的に何に関したものかは分からないままである。しかし、構造そのものはこのフレーズでは完全に明解で、ありそうな意味ははっきり現れてくる。あとは具体的な事柄を入れていくだけだ[10]。

2) ....-анные ....-и могут ....-ить, ... через ....-очку, при- ....-ить ....-и и ....-ать ....-ие .....-ы.

叙法の動詞 могут は常に不定詞と結合するので、明らかに、ここには幾つかの動詞不定形が読点で区切られつつ могут に従っている。......-ить, ...-ать, при-......-ить, ...-ать である。更に、この могут の主語は名詞複数形 ....-и で、形動詞 ....-анные で修飾されていることもはっきりしている。個々の動詞は以下のように説明される。最初の動詞 ....-ить は自動詞もしくは自動

詞的に用いられたもの。二番目の動詞 ....-ать は через-...... –очку が補っているおかげで、おそらく «прыгать через верёвочку»〔「縄跳びをする」〕といった類のものだと分かる。第三の動詞 при-......-ить と四番目の ......-ать は他動詞と考えられる。疑いようもない対格 ....-и と ....-ы があるからである(後者ではこれを修飾する形容詞 ....-ие がある)。 もし «прыгать через верёвочку» という推測が正しければ、主語はもちろん «дети»〔「子供」〕であろうし、フレーズ全体も全く明解なものとなる。残ったのは、他の動詞を探し出すことだけだ [11]。

読者に時間があるのなら、更に以下の二例を同様に分析されたい [12]。

3) Мы при-......-али к........-е, которая была........-ена на ......-ом ....-ю ....-и.

4) ......-я ....-а ....-ла, что в ....-ом ....-е, который находится у ......-а, стала про-......-ать ....-а.

40. これら二系列の比較から以下が分かる。

構造上の諸要素がキーポイントとなって言語理解を可能にする。

そうした要素に通じている者にとって、時として、フレーズ全体をざっくり理解するためには辞書で一つ二つの単語を見れば十分である。

更に、そうした要素に通じている者にとっては、一つなり複数なりの語のどれを真っ先に辞書で調べるべきか常にはっきりしている。

一方、構造上の諸要素を知らない場合、フレーズの語彙的要素を全て分かっていても、フレーズが理解できないことがありうる。

最後に、以下のこともはっきりしている(そしてこれがもっとも重要なことである)。

どの言語でも構造上の諸要素はそんなに多くはない。従って、習得することはそれほど難しいことではない。

構造上の諸要素は多くはないが、絶えず繰り返し現れる。

一方、語彙的要素の数は、無限大ではないにしてもいずれにせよ、構造上の要素の何倍も何倍もある。ある程度の語彙を習得したとしても、それでも我々には、別の本を手に取ると多数の見知らぬ単語を前にするという危険が常にある。

　教授法上の結論はここから明らかである。外国語学習の際は、とりわけ書籍を使いこなすという目的の場合は、何よりも言語の構造を理解し学ぶことに努めねばならない。辞書や文法書で構造上の諸要素を探さなければならない者は、独力で書籍を読むことはできないのである。

注
* 本稿は、初出が『ロシア語研究《木二会》年報』第 20 号（2007 年）であり、それを基に改稿したものである。原注はその旨明記した。訳注は本文中に〔　〕で示した他、文末注でも示した。原文の隔字強調は【　】で示した。かっこの類も本文に従った。一部、改行を増やした。
1　原注　ここで述べられることは全て、成人の外国語学習だけに関したものである。もちろん、部分的とはいえかなり多くが初中等教育機関にとっても当てはまるだろう。しかしながら、初中等教育機関では外国語は、実際的な意義だけではなく、一般教養的意義をも持つ。このため、初中等教育機関での外国語授業は全体として別の基盤に基づかねばならない。
　　　外国語の一般教養的意義については、筆者の論文を参照されたし。
Щерба Л. В. (1926) Об общеобразовательном значении иностранных языков. *Вопросы педагогики*., I. Издание Гос. Инст. научн. пед. Ленинград.
2　原注　一般言語学の進歩とともに言語教育技術も発展・向上していると明言できる。言語学の大理論家の多くが言語教授法の問題に取り組んできたことも指摘しておくべきだろう。Bréal, Sweet, Viëtor, Jespersen, P. Passy といった名を挙げておくだけで十分である。
3　原注　これは、発音がどのようなものであっても良いというわけではない。どの言語にも最低限の要求があって、話し相手を不快にさせないために順守すべきである。これについては下記 28 を参照。
4　原注　ここでの具体的な助言は主としてヨーロッパ諸語に関してのもの。

5 原注 もちろん、ここでは発音はひどいものになる。どう克服するかは下記 29 を参照のこと。

6 原注 しかしながら言っておかねばならないが、これは決して義務的ではない。事の本質はまずは、あれこれの専門語彙資料にあるのではなく、フレーズの構造にあり、また、あらゆる種類の書籍の言語に共通している表現方法を全て知ることにあるのだから。このことは強調しておかねばならない。最近、技術辞典が重要だと世論を説得する向きが広く見られるからである。言語学習の過程でもっとも重要なことは後で説明するが、現段階でも、外国語の技術語彙を学習する必要はない、そうした語彙は相応する文献を読んでいれば自ずと習得される、ということは言える。たいてい我々も何かの新しい知識領域に取りかかる場合、あれこれのロシア語技術語彙には通じていないが、しかし、これが然るべき教科書を読むことの障碍とはなっていないではないか。

技術語彙の知識は、翻訳家には求めるべきであるが、外国語教師にすら重要ではない。

7 原注 詳細は本テーマを扱った以下所収の拙稿を参照。
Щерба Л. В. (1914) *43-й Краткий обзор деятельности Педагогического музея военно-учебных заведений за 1912–1913 г.* В. 3. С. 107.

8 原注 語法 фразеология とはフレーズの中での当該単語の用例である。辞書の語法が多いほど学習者にとって有益である。もちろん、学習者が語法を通読するという条件でだが。

9 原注 実際のところチェーホフの短編「住民たち」では以下のようなフレーズである。«Засыпает он к полночи, и снится ему, что он обливает кипятком обывателей, Финкса, старое кресло».〔「夜中頃に彼は寝付くと夢を見た。住民たちやフィンクスや古い肘掛けいすに熱湯をかけているのだ。」〕

10 原注 可能なフレーズとしては以下のようになろう。«Василий Иванович стоял с собакой в парке около своего дома»〔「ワシーリー・イヴァノヴィチは犬と家の近くの公園に立っていた。」〕

11 原注 可能なフレーズとしては以下のようになろう。«Воспитанные дети могут ходить, прыгать через веревочку, приносить игрушки и рвать всякие цветы»〔「育ちの良い子供は歩けるし、縄跳びができるし、おもちゃを持ってこられるし、どんな花も摘むことができる。」〕（ちなみに、これは、この例を作る時にもとにしたそのままのフレーズではない。筆者はそれを忘れてしまったのである。）

12 訳注 作例（文法的には正しいが、奇妙な語句も含む）：
3) Мы приехали к избе, которая была построена на самом краю реки.〔「川辺ぎりぎりに建てられた小屋に我々は到着した。」〕краю は前置格、реки は生格。なお、最後の 3 語は、на＋被動形動詞過去前置格・名詞造格・名詞前置格 на проведенном

артелью собрании〔「組合によって開催された集会で発見された」〕も可能だし、形容詞前置格・名詞与格・名詞前置格 на полезном здоровью собрании〔「健康に有益な集会で」〕といったのも可能。

4）Мария Петровна сказала, что в новом доме, который находится у завода, стала протекать крыша.〔「工場の脇にある新しい家で屋根が雨漏りしだした、とマリヤ・ペトロヴナは言った。」〕

底本

Щерба Л. В. (1929) *Как надо изучать иностранные языки*. М., Госиздат. 54с.

V
ロシア少数民族言語の研究から
ロシア語とマリ語

民族語研究とロシア語

田中孝史

　ロシア語を学ぶに至った動機は人によって様々であろう。私は、深く考えることなく漠然とした「外国語へのあこがれ」をエネルギーに受験勉強を続け、外国語学部で学ぶことになった。高校生までの自分にとって、ロシア（当時はまだソ連だったが）はまさに未知の世界で、祖母が亡くなった際に形見分けでもらったマトリョーシカが身近にあった唯一の「ロシア」と言っても過言ではなかった。

　いや、実際には他にもロシアとの出会いがあった。幼稚園のころに読んだ絵本に「レニングラードの動物学博物館には、シベリアで見つかった氷漬けのマンモスの剥製がある」と書かれてあるのをずっと覚えていた（おそらく児童文学作家の高士与市氏の作品）。将来、彼の地の博物館を訪れて、この剥製を見ることは私の大きな夢となっていた。

　結局、大学ではロシア語を専攻する学科にはいったが、いつしかロシア語を離れてロシアの少数民族語を研究することになった。偶然だが、それは絶滅に至ったマンモスのように、消滅の危機に瀕した言語、いわゆる危機言語の一つとされる言語であった。

　実を言うと「この道」に進んだのにはもっと立派な？理由がある。一つ目は千野榮一先生の『外国語上達法』（岩波新書；1986）に書かれてあったことだ。

　冷戦時代、世界が大きく二つの社会体制に分かれていた背景を説明して曰く「現在の日本で習得していずれ役に立つ可能性が大きい外国語の一つがロシア語である。(p.196)」また、言語学の究極の目標は未記述言語の記述だ

と述べた上で、「多くの若い人に、英・独・仏・露などの外国語を身につけてから、これまでまだ存在していないＸ和辞典を作ることをぜひ考えてもらいたいものである。(p.141)」と書かれてあった。私は、この部分に強烈にひかれた。そしてロシア語を学び、将来はロシア語を使って「Ｘ語」の研究をしたいと思ったのである。

そんなわけで大学では専攻のロシア語の他に、言語学、人類学などの基礎的な科目を履修し、調音音声学の授業にも出て準備を整えつつ、まだ見ぬ「Ｘ語」に出会うのを今か今かと待っていた。

大学２年生のある日、ふとしたことから「Ｘ語」に出会うことになった。『マリ語－ロシア語辞典』(Марийско-русский словарь. 1956)の電子化作業のアルバイトである。「ロシア文字で書かれたテキストが読め、キーボードの入力に慣れているもの」というのが募集の条件だった。学内で出来るアルバイトということで、すぐに応募し、薄暗い部屋でカタカタとキーを打つ作業を進めた。

ある時、雇い主である松村一登先生（ウラル語学；当時は東京外国語大学附置アジア・アフリカ言語文化研究所所属）に次のようなことを言われた「君、ロシア語が出来るんだったらウラルをやれば？ 研究の役に立つよ。マリ語をやるなら、すぐに日本で２番になれるよ。」

実際には、学部時代の私のロシア語の力など大したものではなかったが、これをきっかけに結局はマリ語をやる事を決意し、留学目的もマリ語の学習を選んだのだから、本当にどこに運命の出会いがあるかわからないものである。

マリ(Марийцы, мари)はウラル民族の一つでロシア固有の民族である。マリ語は彼らの言語でウラル語族フィン・ウゴル諸語の一つである。マリ人の多くは、ボルガ川中流域のマリ・エル共和国(Республика Марий Эл)に住み、その他は共和国の周辺地域と、ウラル山脈などに定住地がある。(Марий Элは、「マリ人の・国」の意)

マリ語は、ソ連時代に自治共和国を持っていた民族の言語程度には「保

護」されてきた。つまり、マリ語で書かれた新聞（日刊紙）もあれば、テレビ、ラジオでの放送もあり、マリ語で劇を上演する劇団も複数ある。そのせいで、21世紀になっても35万人程度の話者がおり（2010年の国勢調査による；一方「マリ人」の数は55万人程度）、現在でもユネスコによる消滅危険度評価 (Уровень жизнеспособности языка) においても「Vulnerable（脆弱；уязвимый）」と、6段階のうち良い方から2番目で、危機言語としては、状況は悪くない。

　しかし、一方でロシア語への同化は進んでいる。マリ人の多くは、ロシア語とのバイリンガルであり、ロシア語モノリンガルのものも少なくない。現在では初等教育の段階で、マリ語だけで教育する学校はなく、マリ人として生まれても必ずロシア語で教育を受ける。マリ・エル共和国の首都ヨシカルオラ (Йошкар-Ола；「赤い・都市」の意) にある国立マリ大学のマリ語・マリ文学専攻においては、マリ語・マリ文学に関する専門の授業は、マリ人教師によってマリ語で行われているものの、卒業に必要な、哲学などといった専門以外の必修の授業はロシア語で行われるため、マリ語だけで卒業することも出来ない。教育全般がロシア語に依存しているためか、統計調査の結果ではないが、比較的高い教養を持ち、マリ語の維持に精力を注ぐマリ人研究者の家庭で子供たちのマリ語離れが深刻化している、という報告もあり、マリ人の間でも同様の共通認識がある。いささか悲しい現実である。

　さて、ロシアで話されている（少数）民族語を研究する場合に、ロシア語がどう役に立つか、という点については、異論を挟む余地なく「大変に役に立つ」というのが現状であろう。実際には、ロシア語はほぼ不可欠と言って良いと思われる。その最大の理由は、帝政時代以来蓄積された文献資料の量である。共産主義時代には、多くの民族語の教科書や辞書が出版され、『ソ連邦諸民族の言語』(Языки народов СССР；ソ連邦に居住する民族の言語を対照言語学的に記述した言語学大辞典) のようなものも出版されていた。もちろん、言語によってはロシア語以外の言語で十分な量の資料や文献が提供されていたり、対象言語そのもので書かれたものがふんだんにあったりする場

合もあるだろうが、多くの場合はロシア語で書かれた教材と、ロシア語との対訳辞典を使って学習し、調査・研究を進める、というのが王道だろう。

そしてフィールド調査に赴く際には、まずその道中においてロシア語の便利さが身にしみることであろう。モスクワ世界陸上（2013年開催）やサッカーW杯（2018年開催予定）招致に向けて、例えばシェレメチェヴォ、ドモジェドヴォなどの国際空港はもとより、モスクワ市内でも英語表記の案内などが増えたものの、ロシア語が話せないと、ちょっとした買い物にも困るような状態であることは、あまり変わっていない。

そして実際に民族語の話者と向き合った時にも、ロシア語が役に立つ時がある。見ず知らずの外国人を相手に、大事な母語で話そうという気持ちにならない話者と出会うこともあり、まずはロシア語で十分に自己紹介や調査の目的を説明し、こちらを理解してもらうことから始めることもあるのだ。こちらの気持ちが通じた瞬間、相手の口から堰を切ったようにマリ語が流れ出たこともあり、そんな時に、マリ語だけでなく、ロシア語ができてよかったと強く感じたことがある。また、外国人を敬遠するような雰囲気があった時にも、ロシア語ができれば、外国人だからと余計な注意をひくこともなくなる。このようにロシア語は、フィールド調査において、文献を読むツールとしてだけでなく、フィールド調査の多くの場面でも大いに役に立つのである。

注
＊　本稿の初出は『ユーラシア研究』第 55 号（ユーラシア研究所、2016 年）である。

民族語研究とロシア語　237

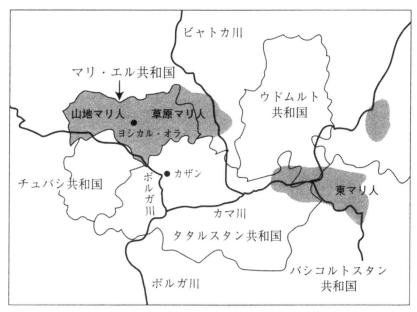

マリ人の居住地域

「族際語」としてのロシア語*

田中孝史

「族際語」という言葉をご存知だろうか？ これは、「複数の民族間のやりとりで使われる」言語という意味の язык межнационального общения の訳語である。「国際語」と言ってもいいのだろうが、多くの人々のアイデンティティは、出自の民族に由来するものだから、「族際語」という言葉は、ある意味、的を射た表現と言うことが出来よう。また旧ソ連のように、（それがイデオロギー的なものであっても）国内の多民族・多文化状況が念頭におかれている場合には、「国際」ではなく「族際」という表現がぴったりしたのであろう。

筆者は東京外国語大学でロシア語を学び、92年から93年にかけて、研究対象のマリ語を母語とするマリ人が多く居住するロシア連邦マリ・エル共和国のヨシカルオラに留学したが、その時が「族際語」としてのロシア語を目の当たりにした最初の機会であった。もちろん、実際の体験はなくとも、一国の公用語が複数の民族に用いられている場面は、容易に想像しうるものであるが、現地での体験はそれまでの想像を超えるようなものもあった。

それは、授業見学のために訪れた小学校でのことであった。マリ語を研究する日本人が来る、というので教室の子ども達は、みな興味津々の面持ちであった。授業の最初に、担当教員が日程を簡単に紹介した後、子ども達にこう切り出したのである。「さて、今日の教室にはロシア人、マリ人の子ども達がいますが、クラスの公用語は何にしましょうか？」そして子ども達が一斉に答えたのである：「ロシア語！」「ロシア語！」

同様の光景は、約1年間の滞在中に何度か目にしたので、当時のマリで

は普通に行われており、おそらく他の民族共和国でも同様のことが行われていたのではないかと考える。少数民族の言語を学び、その維持や発展を願う者にとっては、非常に切ない思いにさせられる光景であった。やや穿った見方かも知れないが、マリ人の子ども達は、子どものうちからロシア語に対して「一歩退く」ことを教え込まれていたのだ。ソ連が崩壊し、国の体制が変わって、自分たちを取り巻く環境がこれから大きく変わる、という期待に満ちた雰囲気が感じられる時期だっただけに、私にとって本当にショッキングな出来事であった。当事者のマリ人たちの気持ちはいかばかりであっただろうか？

とはいえ、ロシアという地に生まれた諸民族にとって「族際語」としてのロシア語は常に付いて回る。例えば、1993年にペトロザボーツクで、フィン・ウゴル系の民族共和国の研究者を対象としたフィンランド語サマースクールが開催された時も、同年、マリ・エル共和国で全フィン・ウゴル学生会議が行われた時も、イベントの進行の言語、参加者の「共通語」としてロシア語が用いられた。ロシアとは違う、という共通項で結ばれたはずの者が集う機会の共通語がロシア語というのは、いささか皮肉のような現実であった。

また、かつての社会主義陣営の公用語であり、国連公用語の一つでもあるロシア語の運用能力を持つことは、非ロシア人たちにとって大きなアドバンテージにもなりうる。通訳・翻訳やガイド業にとどまらず、商工業でも非常に重要な言語であるロシア語は、ロシア国内のみならず、国外でも大いに「使える」だろうからだ。

一方、日本語が母語の私にとってのロシア語は、常に文字どおり族際語として用いられているわけだが、英語だけが国際的な言語であると信じて疑わない向きには、次のような例をお話ししたい。

私は、これまで3回、国際フィン・ウゴル学者会議（Международный конгресс финно-угроведов. 5年ごとに開催されるフィン・ウゴル系諸民族の言語、文学、文化、歴史に関する研究が発表される国際学会。近年では、2005年にロシア、2010年にハンガリー、2015年にはフィンランドで開催さ

れた）に参加したが、いずれの機会においても、ロシア語を使う場面が非常に多かった。もちろん、20弱を数えるフィン・ウゴル系民族の多くがロシア連邦内に居住しているので、研究言語としてロシア語が重要なことは言うまでもないが、研究者の数も、ロシアからの参加者が非常に多いのが通例である。そのため、研究発表がロシア語で行われる場合も多ければ、それに続くディスカッションも、分科会に集まった顔ぶれを見て、ロシア語で行われることがある。毎回4、5回催される基調講演も英語の他には、一度くらいはロシア語で行われることがある。2015年の会議では、ロシア語での講演は行われたが、ついにドイツ語では行われなかったので、それを考えるとやはりロシア語は、まだまだ重要な言語なのである。また、休憩時間に突発的に起こる議論や世間話も、ロシア語で行われることは珍しくない。例えば、フィンランド、ロシア、そして日本からの参加者（筆者）が一堂に会した時は、ロシア語で話がはずむことが多い[1]。

　しかし、このような「慣例」にも変化が起こりつつあるようではある。舞台は違うが、2016年6月に、フィンランドのコネ財団（The KONE Foundation）から旅費の補助を得て、フィンランドで開催された、少数言語記述の実践的ワークショップに参加した際、ロシアからの参加者とエストニアからの参加者が、英語で話していたのを目撃した。二人とも若手で、おそらくは20代後半の研究者であったが、私の過去の体験では、間違いなくロシア語で会話が進んだような状況であったので正直いささか驚いたが、ソ連邦崩壊からほぼ四半世紀が経ち、言語選択に至る人々の意識も変化したということだろうか。

　もう一つ、ロシア語を使ったことで、忘れられない体験をご紹介したい。ちょうど2000年頃のことだと思うが、ヨシカルオラでの調査をほぼ終え、入手した書籍を日本の自宅に送ろうと郵便局に行った時のことであった。私の前に、カレリア地方に住む息子さんに小包を送ろうとしていた、高齢の女性がいた。局の窓口で働く知り合いの女性に「その人目が悪いから、代わりに住所を書いてあげてよ」と言われ私がロシア語で住所を書くことになった。書かれたものを写すのではなく、女性がかすれた声で読み上げる住

所、息子さんの名前を、マジックで小包に書いてあげたのだが、それまでに受けた、どのロシア語の試験よりも、緊張したことを覚えている。母親が子供を思って準備したであろう荷物が無事に届くように、どんなミスも許されないと本当に緊張した一時であった。

　それは、それまで経験した数々の通訳とも違う体験であった。自分のロシア語が、初めて他人の役に立ったと、強烈に意識づけられるという気がしたのだ。不思議なことだが、その時に、それまでロシア語を学ぶ努力をしてきて、良かったと感じた。小さなことだが、自分が努力したことが誰かのためになったという喜びを感じた瞬間でもあった。逆に、誰かのために住所を書いてあげるという、そんな簡単なことさえ、気軽には出来ない程の「語学力」しかなかったのか、ということも出来よう。そんなことがあってからは、それまでよりも一層、単語の綴りを覚えたり、発音をわかりやすく、聞き取りやすくしたりと心がけるようになった。

注
*　本稿の初出は『ユーラシア研究』第 56 号(ユーラシア研究所、2017 年)である。
1　アカデミックな場面でのロシア語使用については、木村崇が以下で詳述している。「ロシア語あれこれ」10「国際会議における作業言語としてのロシア語」『ユーラシア研究』42 号：pp.55–56

執筆者紹介(*編者)

阿出川修嘉（あでがわ のぶよし）神奈川大学外国語学部非常勤講師、東京外国語大学非常勤講師・特別研究員
「動詞語形成における語彙的アスペクトの意味的役割に関する一考察―接頭辞 по- の場合」(『スラヴ文化研究』12、東京外国語大学ロシア語研究室、2014)、『プログレッシブロシア語辞典』(中澤英彦他編、校閲・執筆を担当、小学館、2015)、「ロシア語テキストへのメタ情報タグ付与に関する一考察」(『神奈川大学言語研究』40、神奈川大学言語研究センター、2018)

菊池諒（きくち りょう）神奈川大学外国語学部英語英文学科卒業
商社勤務

小林潔（こばやし きよし）神奈川大学外国語学部非常勤講師
『ロシアの文字の話―ことばをうつしとどめるもの』(東洋書店、2012)、「ロシア語教育とモダリティ―その取り扱い」(『モダリティと言語教育』ひつじ書房、2012)、「アストラハンに見るロシアの言語状況」(『グローバリズムに伴う社会変容と言語政策』ひつじ書房、2014)、『ロシア文字への旅』(スラヴァ書房、2016)

田中孝史（たなか たかし）神奈川大学外国語学部非常勤講師
「マリ　ボルガとウラルの民」(綾部恒雄監修、原聖・庄司博史編『講座世界の先住民族―ファースト・ピープルズの現在　第 6 巻ヨーロッパ』明石書店、2005 年)、「世界に広がるマリ語―東京外国語大学におけるマリ語入門授業実践について」(『東京外国語大学世界言語社会教育センター主催国際シンポジウム―豪州における先住民語教育と日本の少数言語教育(論集)』2012)、『プログレッシブロシア語辞典』(中澤英彦他編、執筆を担当、小学館、2015)

堤正典（つつみ まさのり）神奈川大学外国語学部国際文化交流学科教授 *
『モダリティと言語教育』(共編、ひつじ書房、2012)、『グローバリズムに伴う社会変容と言語政策』(共編、ひつじ書房、2014)、「ロシア語動詞アスペクトにおける『個別的意味』と多義ネットワーク」(『神奈川大学言語研究』39、神奈川大学言語研究センター、2017)

神奈川大学言語学研究叢書 9
ロシア語学とロシア語教育の諸相
Aspects of Russian Linguistics and Language Education
Edited by　Masanori Tsutsumi

発行	2018 年 3 月 30 日　初版 1 刷
定価	6000 円＋税
編者	© 堤正典
発行者	松本功
印刷所	三美印刷株式会社
製本所	株式会社 星共社
発行所	株式会社 ひつじ書房
	〒112-0011 東京都文京区千石 2-1-2　大和ビル 2 階
	Tel.03-5319-4916　Fax.03-5319-4917
	郵便振替 00120-8-142852
	toiawase@hituzi.co.jp　http://www.hituzi.co.jp/
	ISBN978-4-89476-911-3

造本には充分注意しておりますが、落丁・乱丁などがございましたら、小社かお買上げ書店にておとりかえいたします。ご意見、ご感想など、小社までお寄せ下されば幸いです。

[刊行のご案内]

ロシア語文法　音韻論と形態論
ポール・ギャルド著　柳沢民雄訳　定価 24,000 円＋税
現代標準ロシア語の文法を共時的な視点から分析する。音韻論を土台に形態論を体系的に記述。
ロシア語の音韻構造を理解するための入門として最適。

神奈川大学言語学研究叢書

第1巻　発話と文のモダリティ　対照研究の視点から
武内道子・佐藤裕美編　定価 6,000 円＋税

第2巻　モダリティと言語教育
富谷玲子・堤正典編　定価 4,200 円＋税

第3巻　古代中国語のポライトネス　歴史社会語用論研究
彭国躍著　定価 4,800 円＋税

第4巻　グローバリズムに伴う社会変容と言語政策
富谷玲子・彭国躍・堤正典編　定価 4,800 円＋税

第5巻　英語学習動機の減退要因の探求　日本人学習者の調査を中心に
菊地恵太著　定価 4,200 円＋税

第6巻　言語の意味論的二元性と統辞論
片岡喜代子・加藤宏紀編　定価 4,600 円＋税

第7巻　動詞の意味拡張における方向性　着点動作主動詞の認知言語学的研究
夏海燕著　定価 4,800 円＋税

第8巻　現代中国語の意味論序説
松村文芳著　定価 5,000 円＋税